AF551942

Franzius

LAURA GASSNER OTTING

GRENZEN-LOS

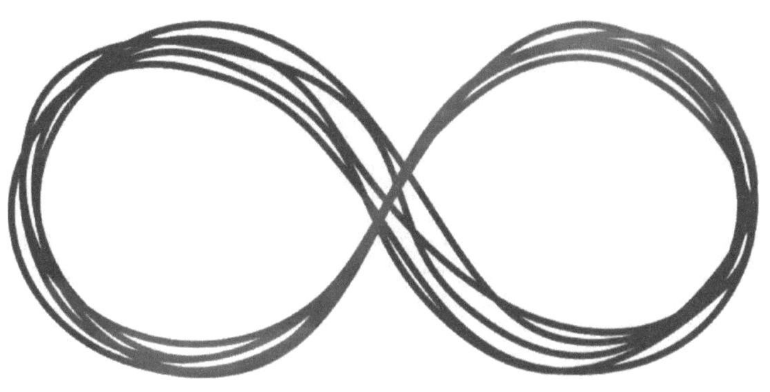

Wie man seine Berufung findet und mit drei weiteren essentiellen Faktoren die individuelle Balance schafft, um im völligen Einklang mit dem eigenen Leben zu sein

Ein Buch aus dem FRANZIUS VERLAG

Cover & Buchumschlag: Simone C. Franzius
Übersetzung aus dem Englischen: Franzius Verlag GmbH
Korrektorat: Sigrid Wohlgemuth
Verantwortlich für den Inhalt des Textes
ist die Autorin Laura Gassner Otting
Satz, Herstellung und Verlag: Franzius Verlag GmbH
Druck und Bindung: BoD, Norderstedt

ISBN 978-3-96050-192-3

Originaltitel:
»LIMITLESS. How to Ignore Everybody, Carve Your Own Path, and Live Your Best Life«
Original ISBN: 978-1-940858-76-0

www.franzius-verlag.de

Published by special arrangement with Ideapress Publishing in conjunction with their duly appointed agent 2 Seas Literary Agency

Die Deutsche Nationalbibliothek verzeichnet diese Publikation in der Deutschen Nationalbibliografie; detaillierte bibliografische Daten sind im Internet über http://dnb.dnb.de abrufbar.

INHALT

Für Arnie Miller, der mir beigebracht hat, mich selbst in Gänze zu allem, was ich tue, einzubringen.

Ein Wort vorab zur deutschen Ausgabe

Der Franzius Verlag hat sich entschieden, bei der Übersetzung aus dem Englischen bei der Anrede des Lesers das förmliche »Sie« zu verwenden. Denn wir möchten so höflich sein wie möglich.

Einführung

Wenn Sie charakterlich so ähnlich wie ich sind, dann haben Sie den größten Teil Ihres Berufslebens damit zugebracht, sich abzurackern und sich so zu positionieren, als gäbe es eine Bauanleitung für den Lebenslauf, der einen genau in jene Richtung bringt, in der die große Beförderung oder der nächste große Job warten.

Wenn Sie in etwa so wie ich denken, haben Sie alle Ratschläge befolgt, wie Erfolg aussehen sollte und was der schnellstmögliche Weg sein könnte, um auf diesem Pfad die richtigen Kästchen in einer Kontrollliste abzuhaken.

Und wenn Sie so ähnlich wie ich empfinden, dann werden Sie – nachdem sie all jenen Checkboxen hinterhergejagt sind, die andere auf anderem Weg zu Erfolg benutzt hatten – sich umdrehen und fragen, warum, wo doch alles erledigt ist, es sich dennoch so unglaublich leer anfühlt.

Nun, Sie sind nicht allein. Vor fast zwei Jahrzehnten ging es mir genauso. Ich stand voll unter Dampf und hatte alle Register gezogen, aber ich war dennoch gelangweilt, unzufrieden und leer. Auf dem Papier hatte ich eine Bilderbuch-Karriere hingelegt. Und doch war ich unglücklich. Ich fühlte mich betrogen. Ich wurde durch die begrenzenden Erwartungen von dem, was ich tun sollte und was ich zu fühlen hatte, eingekreist, eingeschränkt und gezügelt. Ich war so gar nicht im Einklang mit mir selber.

Mir fehlte Konsonanz.

Aber einem Hausmeister bei der NASA, im Jahr 1962, ging das nicht so. Vielleicht haben Sie von ihm gehört. Die (möglicherweise apokryphe) Geschichte geht so:

Das Wettrennen ins Weltall war in vollem Gange, als Präsident John F. Kennedy Cape Canaveral zum ersten Mal besuchte. Als er die Basis besichtigte, bemerkte er, dass ein Hausmeister glücklich einen Mopp säuberte, und er unterbrach die Tour, um sich vorzustellen.

»Hallo, ich bin John Kennedy«, sagte der Präsident (so oder so ähnlich geht die Geschichte). »Was für eine Arbeit machen Sie hier?«

Der Hausmeister antwortete zufrieden: »Ich helfe dabei, einen Mann auf den Mond zu bringen.«

Dieser Hausmeister wurde nicht durch die Definitionen von Erfolg, wie ihn andere Leute sich vorstellten, eingeschränkt. Er machte die Arbeit, die ihm wichtig war, um Ziele zu verfolgen, die ihm wichtig waren. *Was* er tat, stimmte mit *dem* überein, der er war. Und das machte ihn grenzenlos.

Ich dagegen war es nicht.

Warum war meine Geschichte so anders als die des Hausmeisters? Was lebte er, was ich nicht hatte? Was wusste er, dass ich nicht wusste? Ich hatte alles richtig gemacht, also warum fühlte ich mich immer noch, als hätte ich alles falsch gemacht?

Das Problem beim »Lean-In«

Mein damaliges Problem war nicht das Streben nach Erfolg. Wie Sie war auch ich fest verdrahtet, dem Weg zu folgen – wie auch immer er aussehen mochte – der notwendig war, um meine Ziele zu erreichen. Nein, mein Problem war meine Perspektive. Ich hatte mich auf das falsche Problem konzentriert, also funktionierte meine Lösung nicht. Ich dachte, ich löse das Problem, indem ich den schnellsten und zweckmäßigsten Weg zu dem folge, was mir die Eltern, Lehrer, Mentoren und Freunde als Erfolg vorgegeben hatten. Aber ich habe mich geirrt. Besser als zu versuchen, einer externen, aber weithin akzeptierten Version von Erfolg zu folgen, hätte ich nach dem Erfolg suchen sollen, der tatsäch lich für *mich* funktionierte – ganz so wie ich *bin*: speziell, einzigartig, schrullig.

Ich lernte schnell, dass dies nicht nur mein Problem war, sondern ein Problem, das viele von uns teilen. Das Problem ist nicht, wie wir Erfolg *erreichen*, sondern wie wir Erfolg *definieren*. Was Erfolg zu sein scheint und was nicht. Uns wird früh und oft gesagt, wie wir erfolgreich sein können. Bücher wie *Lean In*, das 2013 die Berufswelt im Sturm eroberte, ermutigen uns, einem bestimmten Weg zu folgen: *Bringe Dich ins Rampenlicht, kämpfe Dich auf der Überholspur durch und wähle den größtmöglichen Durchbruch.*

Dieser Rat bevorzugt jedoch Durchsetzungsvermögen, Kühnheit und den Willen, an die Spitze der Organisation zu kommen. Und dies mit so viel Tempo und Entschlossenheit, wie wir nur aufbringen können.

Man ermutigt uns, uns in den Mittelpunkt der Geschäftswelt zu stellen. Nun, »Lean-in« mag für viele ein guter Weg sein, aber es ist nicht der richtige Weg für alle!

Wie sich herausstellt, zeigt sogar Sheryl Sandbergs eigene Forschung, dass sich trotz der »Lean-in-Bewegung« nur wenig in Hinsicht auf Lohnausgleich oder die Bereitstellung von Positionen für Frauen in den Führungsetagen getan hat. Tatsächlich heißt es in der Studie: »Der Fortschritt ist weiterhin zu langsam – und kann sogar ins Stocken geraten.«[1]

Und es sind nicht nur Frauen, die durch diese kurzsichtige, unerschütterliche Definition von Erfolg blockiert werden. Wir sind alle eingeschränkt, sowohl Frauen als auch Männer, wenn wir unseren Fortschritt daran messen, wie schnell und wie hoch wir klettern. Wir sind limitiert durch die Vorstellungen und Bürden anderer. Wir sind eingeschränkt durch die Meinung der anderen darüber, wer wir sind und wo wir hingehören. Wir sind so begrenzt durch das Abhaken von Checkboxen auf der Liste zum Erfolg, die andere Leute erstellt haben, sodass wir vergessen, unsere eigene Version von Erfolg zu definieren. Und in diesen Grenzen verlieren wir uns selbst.

Ich habe dies zu Beginn alles auch geglaubt: Und »Lean-In« und andere solcher Ansätze zu diesem allumfassenden, machiavellistischen

---

[1] McKinsey & Company und LeanIn.Org, »Frauen am Arbeitsplatz 2017«, https://womenintheworkplace.com

Streben nach beruflichem Erfolg funktionierten für mich – bis sie es plötzlich nicht mehr taten. Ich fing an, mich gegen die Enge dieses einheitlichen Weges zum Erfolg zu sträuben. Ich hatte diese Art von Erfolg erreicht und jetzt wollte ich etwas ganz anderes. Ich brauchte einen Zweck. Ich verlangte tatsächlichem Sinn. Ich wollte ein Leben voller tiefer Überzeugungen führen. Und ich brauchte dieses Leben nicht, um Macht auszukosten. Ich hatte nicht vor, einen Friedensnobelpreis zu gewinnen oder das Heilmittel gegen Krebs zu entdecken. Ich brauchte die Welt nicht, damit sie später in einem ganzseitigen Nachruf in der *New York Times* um meinen Tod trauern würde.

Aber ich brauchte ein Leben, in dem ich *mich* konsequent fühlen konnte, in dem ich die Menschen inspirierte, die ich liebte, und in dem ich die Zwecke reflektieren konnte, die mir am Herzen lagen. Meine Arbeit brauchte Bedeutung. Ich wollte Konsonanz.

Ich erkannte, dass, damit sich das Arbeitsleben richtig anfühlt, es auch tatsächlich das Richtige für die eigene Persönlichkeit *sein* muss. Wir müssen aufhören, uns von anderen zurückhalten zu lassen.

Jeder sollte herausfinden, was in erster Linie das Richtige für sich selber ist und neue Ziele setzen, die das Ureigene widerspiegeln. Werden Sie GRENZENLOS. Und um das zu tun, müssen Sie Ihre Arbeit auf das persönliche Selbst ausrichten. Um grenzenlos zu werden, müssen Sie Konsonanz erreichen.

Grenzenlos werden

Einfach definiert, erleben wir *Konsonanz*, wenn das, *was* Sie tun, mit dem übereinstimmt, *was* Sie sind (oder werden wollen). Sie erreichen Konsonanz, wenn Ihre Arbeit einen Zweck und Bedeutung für *SIE* hat. Diese Bedeutung kann beruflich, gesellschaftlich, oder persönlich sein. Sie könnte aktuell (eine konkrete, sofortige Änderung in Ihrem Leben) oder angestrebt (eine subtile Verschiebung Ihrer Absichten) sein. Konsonanz ist leicht zu erkennen, aber es bedarf der Absicht, sie zu erreichen. Zu erkennen, dass sie fehlt, ist oft einfacher, als herauszufinden, wie man sie erlangt.

Im Verlauf der Befragung von Hunderten von Führungskräften aus dem gemeinnützigen und öffentlichen Sektor, sah ich immer und immer wieder den Schaden, der durch einen Mangel an Konsonanz, durch die Trennung von Zweck, Handlung und die äußere Definition von Erfolg verursacht wurde. Und ich begriff, dass echter Erfolg durch eine Kombination von vier besonderen Elementen entsteht, die Einzelpersonen erlauben, eigene Wege zu gehen, die beste Arbeit zu leisten und das beste Leben zu leben. Die Erkundung dieser vier grundlegenden Elemente *Berufung, Verbundenheit, Beitrag* und *Kontrolle* – ausführlich in Teil eins dieses Buches vorgestellt – wird Ihnen helfen, Ihre externen und internen Grenzen zu durchbrechen. Wenn Sie verstehen, wie diese Elemente für Sie persönlich und beruflich ausgerichtet sind, ermöglicht dies Ihnen, grenzenlos zu werden.

Dieses Buch beginnt mit der Prämisse, dass die einzig wirklich bedeutende Definition von Erfolg die eigene ist – und zwar nur Ihre eigene alleine. Und dass der einzige Weg, sich wirklich grenzenlos zu fühlen, ist, auf dem ureigenen Lebensweg zu reisen. Ich ermutige Sie, damit aufzuhören, jenen Menschen in Ihrem Leben eine Stimme zu verleihen, denen man niemals zuhören sollte. Nur Sie können für sich selbst entscheiden. Und nur Sie können bestimmen, wie viel von jedem dieser vier Elemente Sie in der richtigen Reihenfolge benötigen, um im Einklang mit sich und der Welt zu sein und sich auf das Thema zu stürzen, welches für *Sie* wichtig ist.

Mein Ansatz basiert auf einer zwanzigjährigen Karriere als Student, Rekrutierer und der beruflichen Tätigkeit, Führungskräfte durch wichtige berufliche Veränderungen zu führen. Er basiert auf meinem eigenen Weg, den ich im Verlauf meiner Karriere, an meinem Arbeitsplatz und für mich selber gefunden habe – und ebenfalls auf den Geschichten vieler anderer, die ihren eigenen Weg auf ihre eigene individuelle Art und Weise entdeckten. Wir werden uns einige dieser Geschichten näher ansehen. Wir werden auch untersuchen, wie Grenzenlosigkeit aussehen kann, warum Sie möglicherweise Schwierigkeiten haben, diese zu erreichen, und wie Sie – mit Zuversicht – die verschiedenen Motivatoren für Ihr eigenes Leben identifizieren und erkennen können. Wir werden umsetzbare Schritte untersuchen, die Ihnen bei der Entscheidung helfen können, ob Ihr einzigartiger Weg zur Konsonanz eine Veränderung Ihrer Karriere erfordert, die Veränderung Ihres Arbeitsplatzes bedeutet oder Sie sich selber verändern sollten. Und wenn Sie das Gefühl haben, nicht das Privileg zu haben, jetzt und sofort eine Änderung vornehmen zu können, wird Ihnen dieses Buch einige Taktiken geben, die Sie in der Zwischenzeit anwenden sollten, damit Sie die beste Position zu gegebener Zeit einnehmen können.

Dieser Hausmeister bei der NASA im Jahr 1962 hatte eine Berufung. Er war kein Ingenieur, Mathematiker oder Astrophysiker, aber das erkannte er. Er spielte eine entscheidende Rolle bei der Erhaltung einer positiven Arbeitsumgebung für seine NASA-Kollegen, damit diese ihre Ziele erreichten. Er sah eine klare Verbindung zwischen seinen täglichen Aufgaben und Zielen und der herausfordernden Mission seiner Organisation. Die Werte und Leistungen seines Unternehmens inspirierten ihn und trugen zu seinem Stolz bei. Er hatte die Kontrolle darüber, wie er seine tägliche Arbeit mit seiner Berufung und dem Beitrag verbinden konnte, den er erbringen konnte. Dabei war er nicht durch die Definition von Erfolg von jemand anderem eingeschränkt. Er wusste, dass jeder eine wichtige Rolle spielt, unabhängig davon, ob man einen Besen oder einen Taschenrechner hält. Kurz gesagt, er war grenzenlos – weil er seine Konsonanz entdeckt hatte.

Jetzt lassen Sie uns Ihre finden!

TEIL EINS

DIE KONSONANZKRISE

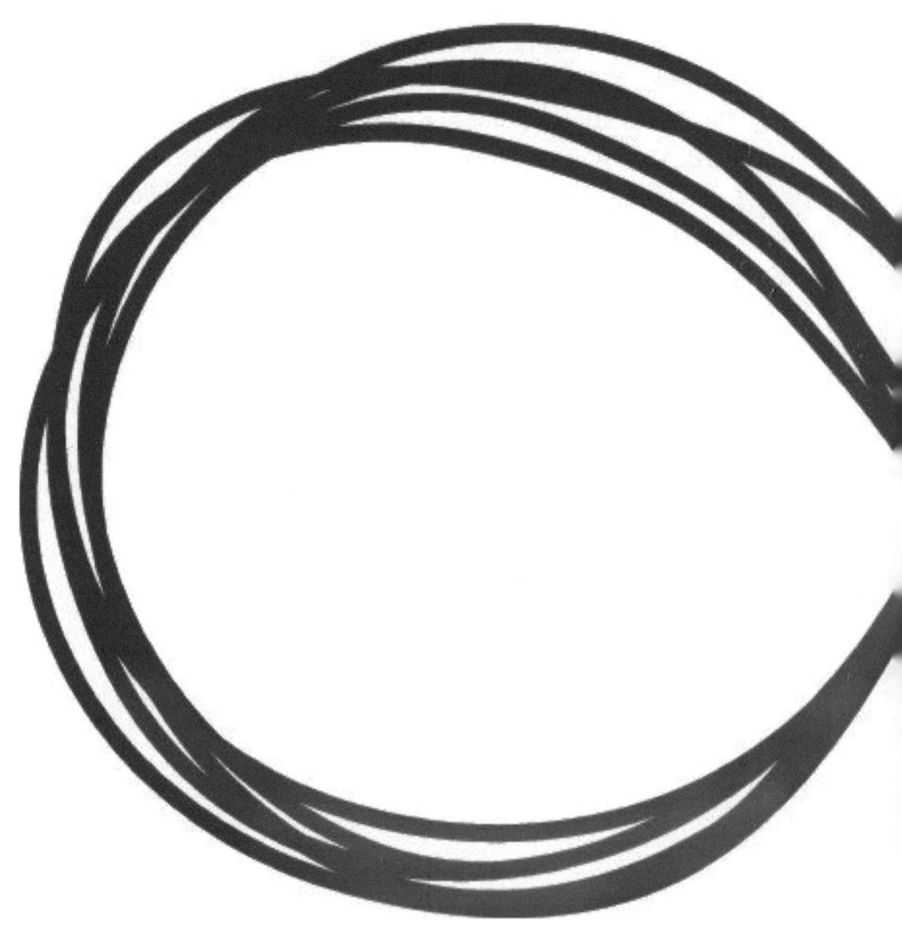

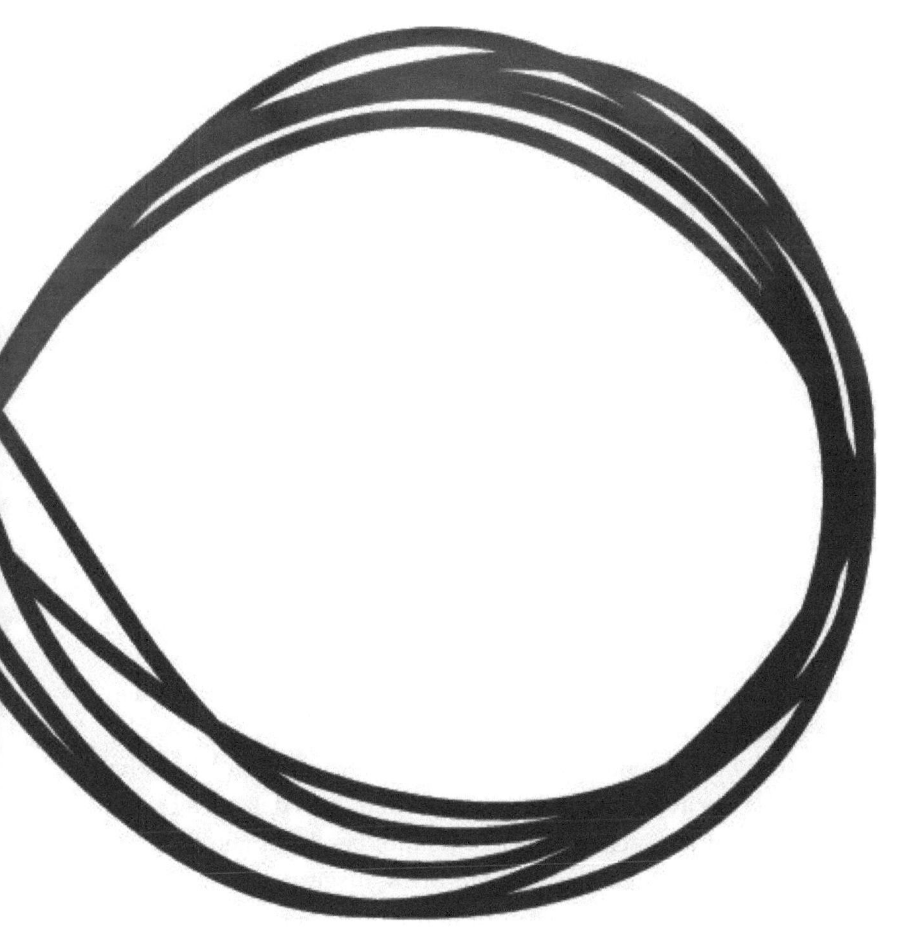

Kapitel 1

Warum wir stecken bleiben

US-Army Captain Joshua Mantz wusste genau, wie es geschah. Die Kugel traf ihn an einem heißen, staubigen Tag in Bagdad im April 2007. Er wusste genau, was passierte, als das Blut in seinen Magen und seine Brusthöhle floss, wie es geschieht, wenn der Körper eine letzte Anstrengung macht, um seine lebenswichtigen Organe zu schützen. Und er wusste genau, was geschah, als er an seine Familie dachte, seinen letzten Atemzug tat, und sein Herz aufhörte zu schlagen. Für volle fünfzehn Minuten, nachdem er von einem feindlichen Scharfschützen angeschossen worden war, befand sich Josh Mantz an der Grenze zum Tode. Die Mediziner bemühten sich die ganze Zeit um ihn, verabreichten ihm Medikamente und eine schnelle Folge von Stößen aus einem Defibrillator. Dann kehrte Joshs Puls auf wundersame Weise zurück, zunächst schwach, dann allmählich stärker werdend. Er kam von jenseits des Randes, den wir Tod nennen, zurück und seine Gehirnfähigkeiten waren vollständig intakt geblieben. Seit jenem Tag musste er herausfinden, warum er wiedergekommen war.

Diese Idee, dass, wenn Sie einmal dem Tod ins Antlitz geschaut haben, der nächste Schritt bedeutet, herauszufinden, was das alles bedeutet, könnte als banal angesehen werden. (Hallo, beschuldigen Sie mich nicht; Sie sind hier derjenige, der sich ein Buch ausgesucht hat, das davon handelt, wie man sein Leben am Besten lebt.) Aber in stundenlangen Gesprächen mit Josh habe ich eine Sache gelernt. Und nein, er sah am Ende eines Tunnels kein helles Licht. (Ich fragte!) Was ich gelernt habe, ist Folgendes: Die Leere ist oft klarer als die Lösung. Wir wissen, wann die Dinge nicht richtig sind; wir wissen nur nicht immer, was genau eigentlich falsch ist.

Wenn Sie in Ihrer Arbeit oder Ihrem Leben verwirrt oder unzufrieden sind, ist die Leere allzu offensichtlich. Die Lösung für diese Leere ist der Punkt, an dem die Dinge schwieriger werden.

Glück ist ein Seinszustand

Als Josh nach seiner anstrengenden Genesung zum Militärdienst zurückkehrte, stürzte er sich mit solchem Elan in seine Arbeit, dass ihm die herausforderndsten Aufgaben zugeteilt wurden, er für seine Leistung ausgezeichnet wurde und er eine frühe Beförderung zum Major erhielt. Er ging mit sich selber dabei so brutal um, dass bei ihm Morbus Crohn aufflammte, was ihn erneut fast getötet hätte. Jetzt musste er alles langsamer angehen, damit er nicht vollkommen zusammenbrach. Er musste ein wenig kürzertreten und mehr Klarheit gewinnen. Aber wie Josh Ihnen sagen würde: Darin, die Dinge halbherzig zu tun, war er nun wirklich nicht gut. Josh wusste, dass, wenn er von seiner kometenhaften, rasanten Militärkarriere zurücktreten musste – der einzigen Karriere, die er jemals gesucht oder gekannt hatte –, so konnte er nur einen ganz neuen Weg einschlagen. Also tat er genau das: Er verließ das Militär und wandte sich der am schnellsten wachsenden, privaten Firma der Welt zu: Tesla. Was sonst? (Ich habe Ihnen doch gesagt, dass er sich nie mit halben Sachen zufrieden gab.)

Das Arbeitstempo fühlte sich wie ein Kampf an, die Mission war Weltherrschaft und der Fokus des Gründers war einzigartig und unerschütterlich. Tesla war für ihn sein Trost: Eine bequeme und vertraute Umgebung, die sein Streben nach Erfolg förderte.

Aber Josh bekam immer wieder Anfragen, öffentlich über seine Erfahrungen im Irak und über die Monate und Jahre nach seinem beinahe Tod zu sprechen. Viele Menschen wollten, dass er über Genesung sprach, über Traumata.

Stellen Sie sich nun einen Sechzehn-Stunden-Tag bei Tesla vor, um Führungskräfte weiterzubilden und unternehmensweite Mitarbeiterbindungsprogramme ins Leben zu rufen. Dann ein Spurt zum Flughafen, um einen Flieger zu erwischen und irgendwo im Land eine Rede zu halten. Und zurück, um am nächsten Tag wieder die volle Leistung in der Arbeit zu vollbringen. Das Coaching war für ihn wie eine Verlockung – eine unvermeidbare Leidenschaft, etwas, das er keinesfalls lassen konnte. Aber dieser Lebensstil war auf Dauer unhaltbar. Er lebte zwei Leben, es war so, als ob jeder Fuß in einem Schnellboot steckte, nur dass die jeweils in entgegengesetzter Richtung fuhren. Ihm fehlte die Konsonanz.

Alles, was Josh tat, war ihm wichtig. Und es war eine wichtige Arbeit: Menschen mit Traumata zu helfen war zweifellos lebensrettend und offensichtlich eine Herzensangelegenheit für ihn. Auch war es eine aufregende Arbeit: Tesla wuchs mit enormer Geschwindigkeit, sammelte Titelgeschichten auf der ganzen Welt und seine Arbeit brachte ihm berauschende, wertvolle Lektionen. Jeden Tag sagten ihm die Leute, wie großartig er war, wie großartig seine Karriere war, wie großartig sein Leben war. Aber er fühlte sich nicht so toll.

Während Josh in seinem Leben viel Anziehungskraft erlebte, so hatte er dennoch keine klare Ausrichtung. Statt Klarheit gab es Verwirrung. Statt Konsonanz gab es Dissonanz. Er wurde von Konflikten bombardiert: Zweifel, wer er war, was ihn interessierte, wie er seine Zeit verbrachte, und welche Vision der Welt er erschaffen wollte.

Er war gestresst und leer – während ihm immer wieder gesagt wurde, dass er der glücklichste Typ auf Erden war.

Wenn schon der »glücklichste Kerl der Welt« das Gefühl hat, dass er an seinem Lebenszweck zweifeln müsste und er aus der Umlaufbahn flöge, dann hat sicherlich der Rest von uns absolut keine Chance, jenes Glück zu finden, oder? Nun, eigentlich nein. Denn, wenn *wer Sie sind*, nicht mit dem übereinstimmt, *was Sie tun* – unabhängig davon, wie sich dies manifestiert – wird es Zeit zu überlegen, warum das so ist.

Josh musste ernsthaft über seine Ausrichtung nachdenken. Er fühlte sich sehr stark davon angezogen, die Wahrheit hinter Traumata zu enthüllen und was wirklich passiert, wenn Soldaten aus dem Krieg zurückkommen. Dies schien seine wahre Berufung. Also verließ er Tesla, um sich im Gesundheitswesen zu versuchen, und dachte, dass eine Führungsposition bei Acadia Healthcare – einer der größten Gesundheitsdienstleister in den USA – ihm dabei helfen würde, seine Ziele zu erreichen. Hier konnte er denjenigen, die unter sexuellem Missbrauch, Opioidabhängigkeit, Schießereien in der Schule und einer endlosen Liste anderer Traumata bezogener Ereignisse gelitten hatten, helfen. Aber er wurde während der Arbeit mit einem traditionellen und seiner Meinung nach veralteten Behandlungsmodell konfrontiert.

Josh tauchte in die Tiefen seiner Seele ab und leerte sein Bankkonto bis auf den letzten Cent bei dem Bemühen herauszufinden, wie er jenen helfen konnte, die er heilen wollte, und wie er sich selber voranbringen konnte. Er musste hauptberuflich einen Ort finden, an dem er die Verbindung zwischen der Arbeit, die er tat, und der Lösung, die er suchte, erkennen konnte. Und er musste auch etwas für seine eigene Gesundheit tun. Er musste die Kontrolle darüber behalten, in welchem Tempo er arbeitete und wen er behandelte.

Josh verbrachte anderthalb Jahre – die schwersten Monate seines Lebens, wie er sagte (einschließlich derer, als er wieder laufen lernen musste) damit, seine hochgelobte Autobiografie, *The Beauty of a Darker Soul* (*Die Schönheit einer dunkleren Seele)* zu schreiben, in der er seinen Tod beschreibt, seine Reise durch das Leben und seine Bemühungen, ein Führungskräftetraining und Beratungsunternehmen zu gründen: »Asymmetric Minds«.

Asymmetric Minds konzentriert sich darauf, wie Führungskräfte psychisch nachteilige Erfahrungen in ihr Leben integrieren können, um auf individueller und organisatorischer Ebene optimale Leistung erzielen zu können. Kurz gesagt, er hilft Menschen zu verstehen, wie man traumatische Erlebnisse nicht nur in Narben, sondern in Stärken verwandelt. Joshs Suche nach persönlicher Konsonanz führte zu einer Win-Win-Situation: Er hat eine größere Erfüllung in seinem Arbeitsleben entdeckt, und unzählige Menschen können jetzt von seinem bahnbrechenden Ansatz profitieren. Sein Weg, grenzenlos zu werden, resultiert aus jener Krise im Angesicht des Todes. Die gute Nachricht ist, dass Ihre nicht annähernd so erschütternd sein muss.

Also lassen Sie uns anfangen.

Was ist Konsonanz?

Konsonanz ist das Gefühl von reibungsloser Zugehörigkeit, von Bedeutung, von zentraler Relevanz. Sie ist eine leitende Kraft, die zeigt, wie Ihre Arbeit (was auch immer das sein mag) zu Ihrem gesamten Lebensplan beiträgt. Sie verbindet Ihre täglichen Aktivitäten mit dem Erfolg Ihrer Mitmenschen und gibt Ihnen Klarheit darüber, warum Sie – *speziell Sie* –, sich auf diesem Platz, in diesem Büro und auf diesem Feld des Organigramms befinden. Konsonanz ist nicht nur der Zweck. Sie ist *Ihr* Zweck, frei und klar von *Ihnen* definiert und durch Bewusstsein und Ausrichtung auf *Ihren* Lebensplan in die Tat umgesetzt.

Konsonanz sieht für jeden anders aus. Und sie ändert sich ständig. Wir entwickeln uns, wenn wir älter werden, und wenn wir die verschiedenen Phasen des Lebens durchlaufen, sollten wir unsere ganz eigenen Prioritäten anpassen. Die vier Elemente, die Ihre Konsonanz bilden, sind jedoch festgelegt.

Die vier Elemente der Konsonanz

Die Elemente der Konsonanz sind *Berufung*, *Verbundenheit*, *Beitrag* und *Kontrolle*. Und Sie müssen mindestens etwas von jedem der vier haben.

Warte, was? Sie müssen *alle vier* Elemente haben, um Konsonanz zu haben?

Ja, das müssen Sie. Ohne alle vier Elemente ist es unmöglich, der Konfusion zu entkommen und Klarheit zu erlangen und sich bei Ihren Entscheidungen sicher und grenzenlos zu fühlen.

Also, was genau beinhaltet jedes der vier Konsonanzelemente?

Berufung ist eine Anziehungskraft auf ein Ziel, das größer ist als Sie selbst. Es kann ein Geschäft sein, das Sie aufbauen möchten, ein Führer, der Sie inspiriert, ein gesellschaftliches Problem, dem Sie Abhilfe schaffen möchten oder eine Sache sein, der Sie dienen möchten.

Verbundenheit gibt Ihnen Einblicke, wie Ihre tägliche Arbeit dieser Berufung dient, indem das vorliegende Problem gelöst und die Ziele unterm Strich erreicht werden.

Beitrag bedeutet, dass Sie verstehen, wie dieser Job, diese Handelsmarke, dieser Gehaltsscheck sowohl zur Gesellschaft beiträgt, zu der Sie gehören wollen, als auch zu der Person, die Sie sein wollen, oder dem Lebensstil, den Sie haben möchten.

Kontrolle gibt an, wie Sie Ihre Verbundenheit zu dieser Berufung beeinflussen können, um bei der Zuweisung von Projekten, Fristen, Kollegen und Kunden mitreden zu können, Input für gemeinsame Ziele anbieten und Arbeiten erledigen, die Sie wollen, die Ihrer Karriere und Ihrem Einkommen beitragen.

Sie können sich das so vorstellen: Bis wir die *Kontrolle* darüber haben, wie unsere *Verbundenheit* und unser *Beitrag* zu unserer *Berufung* beitragen und von dieser beeinflusst werden, sind wir weiterhin in unserem Vertrauen und den Entscheidungen, die wir treffen, eingeschränkt.

Der Autor, Redner und Hochschulprofessor Rohit Bhargava erkannte ein Problem, das gelöst werden musste: Er mochte die Art und Weise nicht, wie Verlage Autoren behandelten und entschädigten. Als Autor hatte er keine Kontrolle über sein Werk und er empfand sich der Verlagsbranche ausgeliefert. Dies behinderte seine Fähigkeit, seine beste Arbeit zu leisten. Wenn Rohit tun wollte, was er liebte – Bücher veröffentlichen, damit großartige Ideen flügge werden können – musste er umdenken. Er sah eine Gelegenheit, ein erfolgreiches Geschäft mit einem gerechteren Modell aufzubauen und gründete IdeaPress. Jetzt bietet er innovativen Denkern und Experten (wie »Yours Truly«) eine Alternative zu den ungünstigeren Verträgen größerer Verlage. Durch sein eigenes Geschäft konnte Rohit seine Arbeit besser auf seinem Daseinszweck (*Berufung*) ausrichten, um zu dem Leben *beizutragen,* das er möchte und mit der vollständigen *Kontrolle* über sein Schicksal.

Renee Koczkodan ist Friseurin und hat achtzehn Jahre in den Salons anderer Leute gearbeitet. Dort fühlte sie sich schlussendlich festgefahren. Denn in den Salons wechselte ein Eigentümer nach dem anderen.

Es wurden fragwürdige Geschäftsmodelle toleriert und schlechte Managementpraktiken unterstützt. Ihrer Meinung nach musste sie von ihren Einnahmen viel zu viel an die Eigentümer abgeben. Dann hörte Renee eines Tages von einer Gelegenheit, einen der Frisier-Stühle in einem Start-up-Salon anzumieten. Dort konnte sie mehr Kontrolle über die eigene Gewinnspanne haben. Sie fand heraus, was sie verdienen musste, und verbrachte dann den Rest ihrer Zeit mit der Ausbildung zur Yogalehrerin und zum Gesundheitstrainer. Die Änderungen, die sie vornahm, gaben ihr die *Kontrolle* über ihr Leben und ihre Arbeit und erlaubten ihr, ihrer *Berufung* zu folgen: ein ganzheitliches Portfolio aufzubauen, welches Schönheit von innen und außen ermöglicht.

Rohit, Renee und Josh sind Beispiele dafür, wie jemand Konsonanz erreichen kann. Doch jeder wählte einen anderen Ansatz, grenzenlos zu werden. Es gibt keine einzelne Formel, die jedem erlaubt, sofort Konsonanz zu finden. Wenn Sie den Weg frei machen wollen, um in Ihrem persönlichen und beruflichen Leben grenzenlos zu werden, müssen Sie alle und jeden ignorieren und den *eigenen* Weg wählen. Kombinieren und balancieren Sie die vier Elemente nach *Ihren* Wünschen aus! *Ihre von Ihnen bestimmte Version* der Konsonanz gibt Ihnen das Vertrauen, dies zu tun.

Viele Versionen der Konsonanz

Jeder von uns schätzt *Berufung, Verbundenheit, Beitrag* und *Kontrolle,* und Ihre Einschätzung wird sich im Laufe Ihrer Karriere ändern. Einige von uns wünschen ein wenig von jedem Element und profitieren von einer relativ gleichmäßigen Balance. Andere geben ein oder zwei Elementen den Vorzug und opfern ein bisschen von den anderen, die ihnen weniger interessant erscheinen, um diejenigen zu erhöhen, die wichtiger für sie sind.

Man kann die spezifische individuelle Version der Konsonanz erreichen – die Ausrichtung zwischen täglicher Arbeit, der Energie, den Leidenschaften und Fähigkeiten in Verfolgung größerer Ziele – indem man bewusst wenigstens einige dieser Elemente aufbaut. Das Gewicht, das Sie jedem Element zuweisen, variiert in verschiedenen Phasen Ihrer Karriere, und diese Gewichtung bestimmt die Richtung, in die Ihre Karriere steuert. Aber seien Sie gewarnt: Ihr Weg, grenzenlos zu werden, ist fortlaufende Arbeit. Einige Elemente in Gänze und keine Anteile von den übrigen Faktoren zu haben, kann notwendig sein, um auf verschiedenen Karrierestufen kurzfristig Gewinne zu erzielen.

Das Bezahlen Ihrer Verpflichtungen in den ersten Jahren Ihrer Laufbahn kommt zum Beispiel mit herzlich wenig *Verbundenheit* (es sei denn, Sie zählen Kaffeeholen, Aktenablage und ähnlich glamouröse Aufgaben dazu), aber jede Menge des Elementes *Beitrag* (in Form der Vernetzung und des Erwerbs von Fähigkeiten, wenn auch normalerweise nicht Einkommen). Später kommt die *Kontrolle* hinzu (die Flexibilität, Ihre eigene Stundenanzahl oder Ihre Einnahmequelle festzusetzen). Dabei könnte dies wichtiger für Sie sein als die *Berufung* (ob Sie die Firma tief in Ihrem Inneren nun mögen oder nicht).

Josh erkannte an sich die Wichtigkeit des ersten Elements der Konsonanz: *Berufung* – eine übergreifende Motivation, ein zu erreichendes Ziel, ein zu lösendes Problem, ein zu überwindendes Thema, ein zu erfüllendes Endergebnis, eine Marke oder einen Führer zu lieben. Seine tatsächliche Berufung erschuf die Verbindung zwischen Führungspersönlichkeiten und dem Verständnis hinsichtlich eines Traumas.

Aber das, was ihm erlaubte, grenzenlos zu sein, was seiner Berufung eine Form und Richtung gab, ist das zweite Element: die *Verbundenheit,* die zwischen seinen täglichen Aufgaben und den Auswirkungen auf die Erreichung seiner Gesamtmission erkennbar ist. Sich verbunden mit etwas Größerem zu fühlen – wie auch immer die Motivation aussieht, ob für die Gemeinschaft, Firma oder Land – kann zutiefst erfüllend sein.

Während seiner Karriere legte Josh das ganze Gewicht auf das Element *Berufung* und *Verbundenheit.* Was ihm jedoch erlaubte, grenzenlos zu werden, war das Herausarbeiten des dritten und vierten Elements der Konsonanz: *Beitrag* und *Kontrolle.* Josh lernte, dass er sich des Beitrags bewusst sein musste, den er mit seinen Bemühungen leistete – wie das Trauma neu zu definieren, die Bereitstellung von geistiger und emotionaler Heilung und die Entwicklung von Führungsqualitäten in anderen.

Jobs, die den Lebensstil bieten, den Sie benötigen (sowohl finanziell als auch gesundheitlich) ermöglichen es Ihnen, Ihre Arbeit als einen Teil Ihres vollumfänglicheren Selbstes zu empfinden. Um grenzenlos zu werden, musste Josh auch sicher sein, dass er ein gewisses Maß an Kontrolle darüber hatte, welche Therapeuten an seiner Seite arbeiteten und welche Unternehmer er in diesem neuen Paradigma trainierte.

Die Kontrolle über Ihre Arbeitsumgebung – die Arbeit, die Sie tun, die Menschen, mit denen Sie zusammenarbeiten, den Karriereweg, den Sie beschreiten, Ihr Verdienstpotenzial zu haben – befriedigt ein grundlegendes menschliches Bedürfnis nach Entscheidungsfreiheit.

Josh trat *weit* über die Erwartungen und die Norm hinaus und ignorierte die üblichen Definitionen von Erfolg, die überall um ihn herum waren, und gestaltete seinen eigenen Weg. Dabei tarierte er seine Energie, seine Mission und seine Talente bewusst aus. Und so wurde er grenzenlos.

Der falsche Weg

Begrenzt zu sein ist Mist. Wir erkennen Grenzen, wenn wir durch sie eingeschränkt werden, und wir wissen, wie gut es sein kann, grenzenlos zu sein. Wir sehnen uns oft danach, grenzenlos zu sein, aber wie Josh verstehen wir es oft falsch, bevor wir es endlich schaffen.

Warum ist das so? Was steht uns im Weg und hindert uns daran, unser bestes Leben zu leben? Letzten Endes liegt es an vier heimtückischen, unerreichbaren Idealen – unmögliche Ziele, die vor dem Hintergrund von blumengekrönten jungen Frauen mit perfekt gewellten Haaren, die am schneeweißen Strand den Sonnenuntergang betrachten, geschickt als Social Media Meme platziert werden und so Unerreichbares vorgaukeln: *Passion, Lebensziel, Glück* und *Ausgeglichenheit*.

Folgen Sie Ihrer Leidenschaft: Der schlechteste Rat der Welt

Sie sind wahrscheinlich überrascht, jetzt diesen grundlegenden Teil zu entdecken, weswegen die Dinge oft falsch laufen: Wir erhalten schlechte Ratschläge. Einer lautet: *Folge deiner Leidenschaft!*

Dieser Ratschlag – der Slogan der unehelichen Schwester des »*Leben! Liebe! Lachen!*«-Tattoos – klingt gut und schön, und vielleicht sieht es in einer geschwungenen Schrift sogar hübsch aus. Es verlockt mit flüchtiger Euphorie ... bevor es uns einen Aufwärtshaken verpasst: die Enttäuschung.

Als jemand, der dieser Leidenschaft gefolgt ist, kann ich Ihnen sagen: Ihre Leidenschaft wird Sie aufmischen. Sie wird Sie enttäuschen. Sie wird schwer zu bekommen sein. Sie wird Sie emotional ausnehmen – und vielleicht auch Ihr Bankkonto.

Etwas zu tun, was Sie leidenschaftlich mögen, ist der heilige Gral, und dem sollten sie auf jeden Fall folgen. Aber das Versprechen der Glückseligkeit, wie Instagrammabel es auch sein mag, ist kurzlebig und unzureichend. Während Sie Ihrer Leidenschaft folgen, begeben Sie sich auf einen Weg – es wird Ihnen jedoch keine Karte in die Hand gedrückt, auf der die Route bereits vorgezeichnet ist.

Anstatt Ihrer Leidenschaft blind zu folgen, sollten Sie in sie investieren, indem Sie Ihre Zeit, Ihr Vermögen und Ihre Talente darauf verwenden, sich den Zielen hinzugeben, die Sie für Ihren speziellen Lebensplan festgelegt haben.

Gary Hirshberg, Gründer von Stonyfield Farms – einem führenden Bio-Joghurt-Unternehmen, das seine Milch von örtlichen Molkereigenossenschaften bezieht – hat seine Passion nicht dadurch eingeschränkt, lediglich eine einzige Farm zu betreiben. Stattdessen wagte er den Sprung in diesen Sektor und startete eine zielgerichtete Kampagne, in der er seine Ideale herausstellte, sich nicht nur für gesunden Joghurt aus der Region einzusetzen, sondern auch für Umweltschutz und Nachhaltigkeit zu sorgen.[2]

Um in Ihre Leidenschaft zu investieren, müssen Sie verstehen, was Ihnen Konsonanz gibt. Bevor Sie in Ihre Leidenschaft investieren können, müssen Sie Ihre eigene Mischung aus *Berufung, Verbundenheit, Beitrag* und *Kontrolle* entdecken und lernen, wie wichtig jedes dieser Elemente für Sie persönlich ist. Wir werden diese Elemente einzeln ansprechen und betrachten. Wie Sie Ihre beste Mischung erzielen, erfahren Sie in späteren Kapiteln.

Die Passionsfalle

Selbst wenn Sie es schaffen, der Passionsfalle zu entkommen, werden Sie wahrscheinlich einige Zeit damit verbringen, sich mit einem anderen lang gehegten Schwarmwissen zu beschäftigen, welches Passion mit Berufung verwechselt und die drei anderen Elemente *Verbundenheit, Beitrag* und *Kontrolle* übersieht, die dazu notwendig sind, Sie grenzenlos zu machen.

Wie oft wurden Sie von anderen ermahnt, einen höheren Zweck zu suchen, um einen Dienst für andere auszuführen, etwas Größeres über Ihre eigenen Bedürfnisse oder Wünsche zu stellen? *Mach deinen Job, verdiene dein Geld, und tue das Gute freiwillig nebenbei,* rieten sie. *Holen Sie sich Ihren Zweck, Gutes zu tun, außerhalb der Arbeit,* empfahlen sie.

Sie haben also gelernt, ein fehlgeleitetes Modell zu akzeptieren, bei dem Zweck nur bedeutet, anderen zu Diensten zu sein. Und Ihr Tagesjob sollte in erster Linie zur Einkommensgenerierung dienen.

Das Streben nach Sinn und Zweck allein ist kein garantiertes Allheilmittel. Gemeinnützige und ehrenamtliche Arbeit ist nicht der einzige Weg, um eine Berufung zu haben und Sinn zu fühlen. Sicher, auf ein

---

[2] Stonyfield verkauft 13,3 Prozent des Joghurts in Nordamerika und gibt 10 Prozent der Gewinne für Umweltbelange aus. Siehe Jim Cornall, »Lactalis kauft Stonyfield von Danone für 875 Mio. USD«, *Dairy Reporter*, 2. Juli 2017, https://tinyurl.com/ybq4dkmr, und» Stonyfield Farm«, Big Purpose Big Impact, abgerufen am 3. Oktober 2018 unter https://tinyurl.com/y6u8osut

wichtiges und bedeutungsvolles Ziel hinzuarbeiten – wie Josh, der den Menschen helfen wollte zu verstehen, wie sie durch Traumata gestärkt werden – kann Teil Ihres Zwecks sein. Aber Josh berücksichtigte ebenfalls, wie der Aufbau eines Unternehmens helfen konnte, seine eigenen persönlichen, beruflichen und finanziellen Ziele zu verfolgen.

Die Kenntnis Ihres Zweckes ohne Berücksichtigung aller vier Elemente der Konsonanz macht Sie auf keinen Fall grenzenlos. In der Tat macht es das Gegenteil. Sicher, es kann sich gut anfühlen, sich zu bemühen, die Wale zu retten oder Krebs zu heilen oder Hunger in der Kindheit zu besiegen. Aber diejenigen, die ihren Daseinszweck nur mit solchen würdigen Gründen befriedigen, leiden oft an denselben Frustrationen – besonders, wenn die Wale immer noch sterben, Krebs immer noch tötet und Kinder immer noch mit leeren Bäuchen ins Bett gehen. Sie haben das gleiche Gefühl, dass etwas fehlt, und haben wahrscheinlich noch dazu kleinere Gehaltsschecks. Sie empfinden ihre Arbeit sinnvoll, aber sie fühlen sich gleichzeitig immer noch leer.

Das bedeutet nicht, dass Sie diesen Zweck oder diese Passion ganz aufgeben müssen. Eigentlich würde ich ganz im Gegenteil behaupten: Sie sollten Zweck und Berufung jetzt in Ihren Lebensplan integrieren.

Sie sehen, wir wurden auch so programmiert, zu denken, dass der gute Zweck warten kann. 2017 saß ich hinter der Bühne auf einer US-Militärbasis in Japan. Ich wartete darauf, einen Vortrag darüber zu halten, wie Menschen, die aus der Armee aussteigen, sinnvolle Arbeit finden können. Ich hörte, wie man mich als »Expertin für gemeinnützige Organisationen« vorstellte, die auf die Bühne kommen und über gemeinnützige Organisationen als das sprechen sollte *»das man als Mensch tut, nachdem man Geld verdient hat«*. Eine schöne Sache also, wenn es irgendwann einmal soweit ist.

Sie können sich vorstellen, dass ich fast den Verstand verloren hätte und höchst verärgert war. Voller Herzblut und mit glühender Leidenschaft kam ich auf die Bühne. Ich schickte mich keineswegs an, einem Raum voller Leute aus dem Militär – Leute, die sich selbst als serviceorientiert ansahen – zu erzählen, sie müssten Jahre warten, bevor sie ihre nächste sinnzentrierte Karriere weiterverfolgen könnten, und ihre Mission verzögern sollten, nur um in der Zwischenzeit einen weniger bedeutungsvollen Job zu machen. Diese falsche Vorstellung musste korrigiert werden, und zwar so bald als möglich (ASAP – As soon as possible), verdammt schnell (PDQ –Pretty darn quick), und bitteschön Dalli Dalli.

Der pensionierte Oberstleutnant Amy McGrath war die erste Frau im Marine Corps der Kampfpiloten. Sie flog neunundachtzig Kampfmissionen im Nahen Osten und kehrte nach Hause zurück, um jungen Kadetten an der US Military Academy Politik beizubringen. Schockiert von dem, was sie während der Wahlen 2016 sah und von der mangelnden Führung in unserer aktuellen politischen Struktur, wartete sie nicht darauf, dass ihre Lehrerkarriere vorbei wäre, um ihr Anliegen zu verfolgen. Stattdessen verließ sie ihre Position in West Point, um für den US-Kongress zu kandidieren.

Militär oder nicht, warten ist Banane! Der Zeitpunkt, den Zweck in die Arbeit einzufügen, sollte nicht dann sein, wenn man mit der Arbeit fertig ist, sondern sobald man herausgefunden hat, was dieser Zweck sein soll.

Was ist das Schlimmste an dem Sinn-Trugschluss? Er hat ein falsches Wahrzeichen geschaffen, das signalisiert, dass ein Dienst nur dann real sein kann, wenn er mit einem Haufen an Martyrium ausgeübt wird. Dieses traditionelle Denken schickt die Menschen in den gemeinnützigen Sektor und lässt sie den Hut eines Wohltäters aufsetzen, um die Welt zu retten. Denn der Zweck sollte doch etwas Größerem als nur uns dienen, oder? So fordert der gemeinnützige Bereich von uns, dass diejenigen, die ein Leben dem hehren Dienst widmen, einen Anteil von unseren Gehältern, unseren Lohnzusatzleistungen, unseren Vergünstigungen bekommen. Er überredet uns, uns zu den Füßen der Götter der Armut niederzuwerfen, um das Gefühl zu haben, dass irgendetwas davon wichtig sei. Sicher, sinnvolle Arbeit kann – und tut dies auch oft – ein Dienen jenseits des eigenen Egos beinhalten. Aber ich kenne viele Leute, die in Unternehmensberufen arbeiten, die sich von ihrer Arbeit voll inspiriert fühlen. Ich kenne genauso viele, die im Namen von gemeinnützigen Organisationen arbeiten, die das Gefühl haben, eine Spinnerei zu betreiben und keinerlei Verbindung zwischen den Auswirkungen ihrer täglichen Aufgaben im Hinblick auf eine höhere Berufung erkennen können.

Wenn Sie sich Selbstaufopferung als den einzigen Zweck vorstellen, der möglicherweise Bedeutung haben könnte, werden Sie sich später nur noch fragen, wie Sie in dieses Chaos gekommen sind.

An gemeinnütziger Arbeit ist nichts auszusetzen, wenn das wirklich das Richtige für Sie ist. Immerhin habe ich den größten Teil meiner Karriere in diesem Sektor verbracht, und diskutiere diese Optionen in diesem Buch durch. Aber je tiefer wir uns ein Loch dieser Art von binärem Denken graben – *Service ist gut, Eigennutz ist schlecht* – je mehr werden wir Zweck mit Selbstaufopferung gleichsetzen. Ich bin hier, um Ihnen zu sagen, dass das der falsche Weg ist.

Wir können Sinn in unserem Leben empfinden *und* nachhaltiges Einkommen erzielen. Wir können es gut *und* vernünftig machen. Diese Konzepte müssen nicht miteinander Krieg führen.

Glück als Ersatz

Als ob die Forderungen nach Leidenschaft und Zweck die Dinge nicht schon genug trüben würden: Wir haben auch das Glück bei der Arbeit mit der Erfüllung verwechselt. Es soll Arbeit sein, kein Spaß, oder? Also, wenn wir glücklich sind, bedeutet das nicht, dass wir uns herausgemogelt haben, dass wir eine Lücke gefunden haben, um uns unserer Verpflichtung zu entziehen?

Wir fühlen uns glücklich bei der Arbeit, wenn wir große Vorteile erhalten, wie kostenloses Mittagessen und Tischfußball im Pausenraum; wenn wir leicht zur Arbeitsstätte pendeln können, oder wenn unser bester Freund im Büro nebenan arbeitet. Diese Dinge sind gut für die Moral, also suchen Personalmanager ständig nach dem neuesten, schicksten Vorteil, der sich gut anhört. Hier ist das Problem: Jedes Unternehmen kann eine clevere Personalabteilung aufstellen und einen Manager finden, der das nächste große Ding implementieren kann, ob es kostenlose chemische Reinigung ist, hundefreundliche Büros oder ein Sportprogramm immer mittwochs. Diese Dinge bauen auf Gemeinschaft auf, sie sind gut für die Rekrutierung, und sie sehen überzeugend als Hinweise auf der Rückseite der Toilettentür aus.

Aber einfache Freuden dauern nie an. Schon bald werden Sie nach dem nächsten, glänzenden Spaßobjekt suchen. Und nichts ist besser für dauerhafte Freude, als das Gefühl zu haben, dass die Arbeit, die Sie machen, wirklich wichtig ist.

Auch haben wir unseren Erwartungen an das Glück zu Hause mit in diese Ansammlung an Irrungen und Wirrungen geworfen. Wir gehen davon aus, dass die Arbeit hart und es zu Hause einfach sein sollte. Aber was ist, wenn diese Formel umgekehrt wird? Was ist, wenn zu Hause der Herzschmerz lauert? Nun scheint es einfacher, den Job zu wechseln als die Beziehung. Also kritteln wir an kleinen Fehlern des Lebens herum und machen uns unsere Arbeit madig. Wir entscheiden, dass das Problem der Job ist, auch wenn eine Veränderung zu Hause benötigt würde.

Ein grenzenloser Lebensweg erfordert Kongruenz zwischen den beiden – der Arbeitswelt und Ihrem Zuhause – sodass die Werte, mit denen Sie in den beiden Sphären leben, sich gegenseitig erbauen und stärken. Glück kann ein Nebenprodukt des grenzenlosen Lebens sein, aber grenzenlos zu sein ist kein Nebenprodukt des Glücks.

Die Vergänglichkeit der Work-Life-Balance

Zu guter Letzt tragen wir die hohe und unerreichbare Last auf uns, dass wir im perfekten Zustand des Nirwana immer in der Lage sein sollten, unser berufliches und persönliches Leben auszubalancieren. In der Tat würde ich allerdings argumentieren, dass, wenn wir uns zu Hause und bei der Arbeit unterschiedlich definieren und dann versuchen, die beiden Wege auszugleichen, wir so gar nicht in unserer Mitte sind.

Vielmehr stellen wir eine Seite von uns gegen die andere und schränken damit unsere Fähigkeit ein, in beiden Bereichen Übereinstimmung zu erreichen.

Grenzenlos zu sein hat nichts mit dem Gleichgewicht zu tun – was angesichts der Tatsache, das Gleichgewicht im besten Fall immer nur flüchtig sein kann, ein Glück ist.

Stattdessen kommt es auf die Ausrichtung der Energien – die sowohl bei der Arbeit als auch im Leben verwendet werden – auf die gleichen übergeordneten Ziele an.

Sich nicht im Gleichgewicht zu fühlen, kommt nicht davon, dass wir zu viel tun; es kommt von den Zwischenphasen des »zu viel«, der mentalen Energie, die es braucht, um von einer Daseinsweise zur anderen zu wechseln, und das in der Zeit, die wir zum Pendeln zwischen der Arbeit und dem zu Hause oder umgekehrt benötigen. Oder von dem Mentalitätswechsel zwischen einem Kundentreffen (auswärts) und dem Schreiben von Rechnungen im Büro (interne Arbeit). Dazwischen reiben Sie sich auf. Sie glauben mir nicht? Stellen Sie sich nur einmal vor, welches Schnellfeuer an Mentalitätswechseln Ihr Verstand und Herz erfahren, während Sie wie eine wildgewordene Flipperkugel ständig zwischen den Identitäten wechseln: Von der Person, die Sie bei der Arbeit sind, zu der Person, die Sie zu Hause sind.

Statt nach einem Gleichgewicht zwischen zwei Gegensätzen zu trachten, werden Sie lieber grenzenlos, indem Sie sich an einem Standard ausrichten, den Sie in beiden Welten verwenden können. Vielleicht finden Sie sogar heraus, dass, je besser Ihre Energien und Werte mit der täglichen Arbeit harmonieren, umso mehr sich die Positivität auf andere Teile Ihres Lebens überträgt. Wenn das, was Sie im Büro tun, dem gleicht, was Sie außerhalb des Jobs leben, und wenn Sie nicht Ihre wahre, bequeme Haut ablegen, um zwischen neun und fünf Uhr ein mutiges – aber nicht Ihnen entsprechendes – Gesicht aufzusetzen, beginnen Sie Konsonanz in Ihrem Leben zu sehen. Freunde und Kollegen verschmelzen. Und nichts davon fühlt sich nach Arbeit an, weil all dies tief in Ihnen ist: Der Ausdruck, wie Sie sind, zeigt sich dadurch, was Sie tun.

*****

Jetzt, wo Sie verstehen, was es heißt, grenzenlos zu sein – und was nicht – sind hier meine Fragen an Sie: Wie würde es sich für Sie anfühlen, grenzenlos zu sein? Was müssen Sie ändern, um dorthin zu gelangen? Und was wird es Sie kosten, wenn Sie Ihre Chancen verpassen? Wenn Sie es nicht wissen, werden Sie es gleich herausfinden.

Kapitel 2

Der Wert des Infragestellens von Grenzen

Zweck. Engagement. Einklang. Dies sind alles erhabene Worte, denen viel zu lange und von viel zu vielen Quellen nur Plattitüden und unrealistische Ziele zugewiesen wurden. Es kann sich so anfühlen, als wären diese Ideale für andere Menschen gedacht, die zu anderen Zeiten, in anderen Jobs leben. Aber die Zeiten ändern sich und demografische Veränderungen läuten einen neuen Beginn der Erwartung darüber ein, wie Arbeit in unser Leben passen sollte. Dafür können wir der Generation danken, die man »Millennials« nennt. Die alltäglichen Nachrichten beschuldigen Millennials – diejenigen, die in den 1980er und 1990er Jahren geboren wurden – für so ziemlich alles, das am Arbeitsmarkt schiefgeht. Aber Millennials erzwingen einen Dialog nie da gewesenen Ausmaßes darüber, was Arbeit eigentlich bedeutet. Die Belegschaft, Mitarbeiter und Einstellungen ändern sich.[3] Die Gesellschaft als Ganzes ist am

[3] Bis 2025 werden Millennials 75 Prozent der US-Arbeiter ausmachen. Debra Donston-Miller, »Workforce 2020: Was Sie jetzt wissen müssen«, *Forbes*, 5. Mai 2016, https: //www.forbes. com / sites / workday / 2016/05/05 / Belegschaft-2020-was-Sie-jetzt-wissen müssen /.

Überdenken, was ein Job sein sollte und was nicht. Technologische Fortschritte, die Transparenz, Geschwindigkeit und unbegrenzte Möglichkeiten postulieren, haben die Millennials ermutigt, mehr von ihrer Arbeit zu erwarten als früher und einen bedeutenderen Platz am Tisch zu fordern, damit sie mehr beitragen können. Unzufrieden mit Jobs, die vom Rest ihres Lebens getrennt sind, wollen begeisterte Wanderer für Unternehmen mit einer soliden Umweltpolitik arbeiten; junge Feministinnen suchen nach Unternehmen, die bewusst die Aufstiegschancen für Frauen fördern, und Wochenend-Athleten suchen Büros, in denen die der Belegschaft zur Verfügung gestellten Snacks gesund sind und wo das Unternehmen Ausflüge im Freien veranstaltet. Diese Millennials haben Arbeit neu definiert.

Zusammen zwingen sie Unternehmen, sich zu entwickeln und attraktivere Beschäftigungsvorschläge zu erstellen.

Aber es sind nicht nur Millennials, die auf mehr drängen. Da mehr und mehr Babyboomer – die Kinder von JFK (John F. Kennedy), RFK (Robert F. Kennedy, der jüngere Bruder von John. F. Kennedy) und MLK (Martin Luther King) – im Ruhestand sind,[4] kehren viele zu ihren Wurzeln der 1960er-Bewegung für soziale Gerechtigkeit zurück, immer auf der Suche nach Verbesserungen, die wirklich bedeutend sind. Und auch die Gen X-er dürfen nicht vergessen werden. Sich zwischen Kindererziehung und Krankenpflege gefangen fühlend, suchen Gen X-er nach Arbeit, die dazu beiträgt, diese Anforderungen der ganz jungen und der sehr alten Menschen zu meistern und zusammenzuführen, anstatt gegen sie zu arbeiten. Überall und in jedem Alter wachen Menschen auf und fragen: »Ist das alles, was es gibt?«

---

[4]Ab 2011 wurden unglaubliche zehntausend Babyboomer jeden einzelnen Tag fünfundsechzig. Dies wird so lange fortgesetzt, bis die jüngsten ihre Geburtstagskerzen im Jahr 2029 ausblasen. Russell Heimlich, «Baby Boomers Retire«, Pew Research, 29. Dezember 2010, https://tinyurl.com/y9sjys2s.

Ein Anschub von mehreren Generationen: Warum jetzt?

Den Zuschauern des Super Bowl 2018 wurde etwas Überraschenderes geboten als der Außenseiter Philadelphia Eagles, der das Kraftpaket New England Patriots schlug: Die Fernsehwerbung war anders als in den Vorjahren. Normalerweise lustig, sogar mit schlüpfrigen Anteilen, die entwickelt wurden, um Produkte wie Bier und Autos zu bewerben, zeigten die Berichte eine signifikante Verlagerung zu Storytelling-Bögen über das Ethos der Unternehmen, die diese Produkte herstellen.

Organisationen auf der ganzen Welt wetteiferten darum, als das Unternehmen mit den meisten Werten angesehen zu werden. Getrieben von dem jüngsten Trend derer, die sich wohler fühlen wollen, wo sie ihre Verbraucherdollar ausgeben.

Vorbei war Paris Hilton, die leicht bekleidet einen pappigen Burger auf der Motorhaube eines Cabrios isst; Vorstandsmitglieder hatten erkannt, dass der beste Weg, um die Shareholder Value zu erhöhen, eine Strategie war, die Sorge um die Umwelt, Ungleichheit, Zugang zu Bildung, Frauenrechte, Familien und LGBTQ-Probleme zum Ausdruck bringt.

Warum passierte das? Und warum jetzt?

Im Jahr 2016 wählten die Vereinigten Staaten einen Präsidenten, dessen Verhalten, Diskurs und Politik das Land in eine Krise hinsichtlich der Werte getrieben haben. Wir leben aber auch im Zeitalter globaler Führungskräfte wie Justin Trudeau in Kanada und Emmanuel Macron in Frankreich (um nur zwei zu nennen), die eine wachsende Welle jüngerer, gegen das Establishment gerichteter Politiker bilden, die eifrig dabei sind, die Wege der Vergangenheit hinter sich zu lassen. Auf die Frage, warum er ein Kabinett gewählt hatte, welches zu fünfzig Prozent aus Frauen bestand, erklärte Trudeau: »Weil es 2015 ist.«[5] Im Juni 2018 erhöhte ein neuer spanischer Premierminister, Pedro Sánchez, den Ein-

---

5 Frederic Bisson, »Justin Trudeau: Weil es 2015 ist!« YouTube-Video, 4. November 2015, https://www.youtube.com/watch?v=LLk2aSBrR6U.

satz, indem er zwei Drittel seines Kabinetts mit Frauen besetzte.[6] Dieser starke Kontrast zwischen konkurrierenden Führungsstilen und Werten haben ein Gespräch darüber erzwungen, wofür wir als Gesellschaft stehen und darüber, was wir von den achtzigtausend Stunden, die wir im Laufe eines typischen Lebens arbeiten, wirklich wollen. Unser Bedürfnis, dass unsere Arbeit eine Rolle spielt, verlangt nach Aufmerksamkeit, es unterliegt dem erhöhten Druck der jüngsten Arbeitnehmer und der ältesten Menschen, die nach höheren Werten verlangen.

Grenzenlos zu werden bedeutet, *Berufung, Verbundenheit, Beitrag* und *Kontrolle* in Ihrem Leben entsprechend Ihrer Relevanz für Sie in jedem Alter und in jeder Lebensphase neu zu definieren. Und das manifestiert sich an dem Arbeitsplatz auf unterschiedliche Weise für verschiedene Arten von Arbeitnehmern. Hier sind einige Beispiele.

Stolz auf die eigentliche Arbeit sein

Millennials wollen für Unternehmen arbeiten, an die sie glauben und die sie stolz machen. In der Tat identifizierte man bei einer überwältigenden Mehrheit der Millennials zielgerichtete Arbeit als Schlüsselfaktor bei der Auswahl unter mehreren Beschäftigungsangeboten. Unternehmen, die Wert darauf legen, Bedeutung in den Arbeitsplatz zu bringen profitieren von mehr Engagement unter den Arbeitnehmern, und engagierte Arbeiter sind weitaus produktiver für die Unternehmen und dem Zweck, denen sie dienen.[7] Der Stolz, einen sinnvollen Zweck zu haben, ermöglicht es Führungskräften, Arbeitnehmer zu motivieren,

---

[6] Raphael Minder, »Spaniens neuer Führer bildet mit fast zwei Dritteln eine Regierung von Frauen «, *New York Times*, 6. Juni 2018, https://tinyurl.com/ybv6v92p.

[7] Laut einer Gallup-Studie von 2013 mit 1,4 Millionen Teilnehmern, sind engagierte Beschäftigte 22 Prozent produktiver für ihre Unternehmen als der Rest. Susan Sorenson, »Wie Mitarbeiterengagement Drives Growth«, *Workplace* (Blog), Gallup.com, 20. Juni 2013, https://www.gallup.com/Arbeitsplatz / 236927 / Mitarbeiter-Engagement-treibt-Wachstum an.aspx.

hilft Firmen, mit Kunden in Kontakt zu treten, und unterstützt die Mitarbeiter, ihre Rolle darin und in Bezug zu dem größeren System zu verstehen.

Übergang für eine bessere Verbundenheit

Immer mehr Berufstätige, die in der Mitte ihrer Karriere stehen und die neuen Fähigkeiten erwerben möchten, wechseln in den gemeinnützigen Sektor. Weil gemeinnützige Organisationen sich einfach nicht den Luxus leisten können, so viele Spezialisten einzustellen wie Konzerne, übernehmen in diesem Sektor die »Generalistenprofis« in einer Position viele unterschiedliche Aufgabengebiete und jeder Mitarbeiter übernimmt mehr Verantwortung. Experten, die einst als Finanzdienstleistungsangestellte in eine enge Schublade gesteckt wurden, können beispielsweise breiter angelegte Rollen im gemeinnützigen Sektor übernehmen, einschließlich Finanzen, Vertrieb und Verwaltung. Durch den Übergang zu einer anderen Sparte oder in eine andere Branche können Fachkräfte, die in der Mitte ihrer Karrierelaufbahn stehen, häufig über ein breiteres Arbeitsportfolio sich mit dem Zweck verbinden, dem sie in unterschiedlichen Lebensphasen dienen möchten.

Experimentieren mit Unternehmertum

Erfahrene Führungskräfte erweisen sich als die besten Unternehmer in der heutigen Wirtschaft. Der durchschnittliche Unternehmer ist keineswegs ein College-Student, der das nächste Facebook in einem Schlafsaal einer Elite-Universität erstellt, sondern ein neununddreißig-Jähriger mit viel Berufserfahrung.[8] Ferner sind erfahrene Kräfte fünfmal erfolgrei-

[8] Laut einer aktuellen Studie der Ewing Marion Kauffman Foundation. Carmine Gallo, «Neue Studien zeigen das ideale Alter für die Gründung eines Unternehmens und es ist nicht in Ihren 20ern«, Inc.com (14. Februar 2018), https://www.inc.com/carmine-gallo/new-studies-reveal-ideal-ageto-start-a-business-its-not-in-your-twenties.html.

cher als ihre jüngeren Kollegen,[9] teilweise, weil sie sich selbst finanzieren können, aber auch, weil sie die Zeit hatten, Erfahrungen mit unterschiedlichen beruflichen Wegen, Rollen und Verantwortlichkeiten zu sammeln. Ältere Unternehmer wissen besser, welche Tätigkeiten ihre besten Talente zutage fördern und können daher weniger eingeschränkt sein, wie sie ihre Expertise einbringen müssen, um Erfolg zu haben.

Die Suche nach der Ausrichtung

Profis jeden Alters suchen nach mehr Übereinstimmung zwischen den Bereichen, wer sie sind und was sie tun. Sinnorientierte Unternehmenskulturen neigen dazu, eine andere Perspektive auf die Metriken zu haben, die wirklich wichtig sind, weil sie es den Mitarbeitern ermöglichen, sich selbst in die Arbeit einzubringen, statt nur die »Arbeitsdrohne« zu sein, die geschult ist, anstehende Aufgaben zu erledigen.

Eine Kultur mit Augenmerk auf den Sinn der Tätigkeit verleiht für Nachtarbeit keine Märtyrer-Abzeichen oder gewährt nicht mehr Zeit mit dem Chef, sondern konzentriert sich auf das, was eigentlich zählen sollte: echte Fortschritte in Richtung des gemeinsamen Ziels, der Gemeinschaft oder des Unternehmens.

Mit dieser gemeinsamen Achtung der wichtigen Ziele versteht man auch, dass Büroabwesenheit nicht notwendigerweise die Möglichkeit, im Job etwas zu erreichen, untergräbt. Ein ganzheitlicher Ansatz scheint viel besser. Tatsache ist, dass eine Umgebung, die die Abstimmung von Arbeit und Leben ermöglicht – nämlich den fließenden Wechsel zwischen der Rolle als Freund / Familienmitglied / Person, die man außerhalb der Arbeit ist, und der Rolle des Angestellten, der jeden Tag zur Arbeit geht –, die Produktivität steigert, weil diese Mitarbeiter sich besser in die zu erledigenden Aufgaben einbringen. Mitarbeiter, die persönliche Bedeutung erfahren, können Ideen entwickeln, die die Mission der Organisation ergänzen und die das Unternehmensergebnis verbessern.

Ein Beispiel: Eine großartige Idee und deren Umsetzung, von der ein Mitarbeiter während eines Elternabends gehört hat, ist immer noch eine

[9] Ebenda

spitzenmäßige Idee, die aber verpasst worden wäre, wenn der Mitarbeiter sich daran gehindert gefühlt hätte, darüber zu sprechen, weil dieser Elternabend der Grund war, weswegen er oder sie letzten Freitag zu spät zur Arbeit gekommen war. Das ganzheitliche Selbst ist dem halben Selbst jeden Tag der Woche überlegen.

Den »Ruhestand« sinnvoll gestalten

Millennials sind nicht die einzigen, die nach sinnvoller Arbeit suchen, die ein Gefühl des Stolzes vermittelt. Vor allem Babyboomer wollen einen Zweck außerhalb von sich selbst erkunden und im letzten Kapitel ihres Lebens einen Sinn finden.[10]

Babyboomer, die ihre hart erarbeiteten Fähigkeiten nicht brach liegen lassen wollen, sind erfahren und weise; sie wissen, dass ihre beeindruckenden Kompetenzen das Spiel verändern können.

Konfrontiert mit mehr Freizeit und einer längeren Lebensdauer als je zuvor, sucht diese Generation nach Wegen, um eine zweite Karriere aufzubauen – bezahlt oder unbezahlt –, die darauf fokussiert ist, der Gesellschaft etwas zurückzugeben.

* * * * *

Im Zentrum dieser Gespräche steht die Notwendigkeit, dass unsere Karriere in unseren größeren Lebensplan passen muss. Die Empörten, die Unerfüllten und die Enttäuschten – jeden Alters – wollen heutzutage einfach mehr: mehr Gerechtigkeit, mehr Erfüllung, mehr Zufriedenheit. Wir leben in einer Zeit des Umbruchs und der Unsicherheit. Wir sind

---

[10] In einer kürzlich von der Stanford University und Encore.org durchgeführten Studie gab ein Drittel der Amerikaner im Alter von über fünfzig Jahren – fast 34 Millionen Menschen – an, dass sie versuchen, ihre Zeit mit einem Zweck zu füllen, der über das Selbstzentrierte hinausgeht. A. Colby und J. Emerman, »Kick Back or Live With Zweck? Warum wählen?« Encore.org, 22. Mai 2018, https://tinyurl.com/y93enymj.

Zeugen eines beispiellosen politischen und sozialen Wandels und nehmen unmittelbar an den Wachstumsschmerzen teil, die mit revolutionären technologischen Fortschritten einhergehen. Wir stellen uns den Herausforderungen, die mit einer erhöhten Interkonnektivität – Zuhause und rund um den Globus –, verbunden ist. Jeden Tag wachen Millionen von Menschen mit dem Gefühl auf, dass die Arbeit, die wir tun, wichtig sein muss. Wir alle suchen Konsonanz in unserem Leben, auch wenn wir es bisher noch nicht wussten.

Glauben Sie mir, ich sehe es immer wieder. Grenzen ablehnen und die Erreichung von Konsonanz ist überaus wichtig. Und ich rede nicht nur lediglich vom Standpunkt der Tausenden von gemeinnützigen, Unternehmens- und Regierungschefs, die ich studierte, rekrutierte und verwaltete und durch massive Transformationen in ihrer Karriere begleitete. Wenn es um diese Lektionen geht, bin ich persönlich genau denselben Weg gegangen.

Mein eigener Weg grenzenlos zu werden

Mit fünfundzwanzig Jahren befand ich mich an meinem ersten beruflichen Scheideweg. Ich hatte als politische Beauftragte im Weißen Haus gearbeitet und gerade geholfen, den nationalen Freiwilligendienst mit einem Programm namens AmeriCorps zu entwerfen und zu starten, passend zu Präsident Bill Clintons Unterschriftenkampagne, welche versprach, jungen Menschen die Möglichkeit zu geben, Gemeinschaftsdienste gegen Studiengebühren aufzurechnen.

Bis auf die Knochen motiviert und optimistisch, entschied ich, dass die beste Möglichkeit, das Fehlen von Geschäftskontakten – und meinem völligen Mangel an tatsächlichen beruflichen Fähigkeiten – dadurch zu kompensieren sei, dass ich mich auf die Suche nach Führungskräften im Non-Profit machte. Ich wollte leistungsstarke und erwiesenermaßen missionsgetriebenen Personen mit Karrieren in Verbindung bringen, von denen ich dachte, dass sie fähig wären, eine bessere Welt zu schaffen. Also tat ich, was jeder selbstbewusste, leicht arrogante Idealist tun würde: Ich ging zu den Besten im Geschäft. Und als diese

Personalvermittlung mich anstellte, war ich begeistert. Ich fing an, von den klügsten Köpfen zu lernen, wie man eine irgendwie schon kunstvolle Leistung erbringt: die Anwendung der Wissenschaft auf das Bauchgefühl. Ich habe gelernt, gut ausgetestete Methoden zu verwenden, um Daten zu sammeln, die unsere Instinkte über die Stärken und Schwächen der Jobbewerber bewiesen (oder widerlegten).

Ich habe gelernt, mich zu behaupten und Fachleuten wertvolle Ratschläge zu geben, die in der Regel viel älter, viel etablierter und erfolgreicher waren als ich. Ich habe gelernt, wie man Einschätzungen vornimmt und wie man Schlussfolgerungen, basierend auf ein paar Stunden in Interviews, zieht, und diese Schlussfolgerungen dann durch zwanzig oder mehr Stunden zusätzlicher Interviews, Leistungsbeurteilungen und Referenzprüfungen gegenprüfen kann.

Meine Kollegen waren die Topleute der Branche. Sie waren die Vorreiter der ursachengesteuerten Personalsuche, die definierte, wie es getan werden sollte, und verfügten über eine beneidenswerte Kundenliste der angesehensten Marken aus den Bereichen Gemeinnützigkeit, Stiftungen und Bildung. Wir arbeiteten daran, die Welt zu einem besseren Ort zu machen.

Aber es hat bei mir nicht funktioniert. Es fehlte etwas.

Die fehlende Verbundenheit

Wie in Kapitel 1 erläutert, besteht der erste Schritt darin, festzustellen, welche Werte Sie haben. Bewerten Sie jedes der vier Elemente *Berufung, Verbundenheit, Beitrag* und *Kontrolle*. Für jeden von uns variieren die zugewiesenen Gewichtungen, die wiederum in Summe eine Balance erzeugen, die normalerweise (bis zu einem gewissen Grad) durch den Lebensabschnitt oder das Alter definiert ist.

Zu diesem Zeitpunkt meiner jungen Karriere hatte ich definitiv meine *Berufung*. Ich diente diesem höheren Zweck, dem ich den höchsten Wert zugewiesen hatte: Ich machte die Welt zu einem besseren Ort. Und ich hatte einen Anteil *Beitrag*: Ich konnte meine Werte durch meine Arbeit leben, im Eiltempo von den Besten und Klügsten lernen, mein Wissen ebenso schnell wie mein Netzwerk erweitern und sogar anständiges Geld verdienen (endlich).

Aber ich war nicht in Konsonanz. Es war keine Übereinstimmung gegeben. Ich war noch ziemlich jung und wurde einer Box auf dem Organigramm zugeordnet, welche mir keinen Zugang zu den Strategiemeetings erlaubte. Um es klar auszudrücken, ich war auf dem niedrigsten der niedrigsten Posten: Senior Vice President des Lächelns und Telefonierens. Mein Job bestand darin, zum Hörer zu greifen und einen bekannten, fett gedruckten Namen – normalerweise ein hochfliegender, strahlender Name einer einschüchternden Person – anzurufen. Ich versuchte dann diese Person dazu zu bringen, mich seine oder ihre Kartei mit Rockstar-Freunden und -Kollegen einsehen zu lassen, damit wir Recherchen im Auftrag unserer Kunden durchführen konnten.

Aber lassen Sie sich nicht täuschen: Selbst eine hyperidealistische Büro-Drohne ist immer noch eine Büro-Drohne.

Während ich auf neue Engagements heiß war und nach neuen Herausforderungen gierte, kam die Entscheidung, mich auf Geschäftsreise zu den Kundenbesprechungen zu schicken, dem Unternehmen nicht wirklich zugute. Unterm Strich konnte ich selten sehen, wie meine Arbeit, die ich hinter den Kulissen verrichtete, in Aktion gesetzt wurde. Schließlich konnte ich mit meiner begrenzten Erfahrung und meiner Jugend dem Kunden keinen großartigen Einblick in die großen anstehenden Veränderungen vermitteln. In meinem zarten Alter machte ich keinen Eindruck und verlieh dem reisenden Team keine Brillanz.

Die meiste Zeit über trug ich immer noch die heruntergekommene Bürokleidung meiner Mutter aus den 1980er Jahren; meine Schulterpolster waren zwar riesig, riefen aber keineswegs »MVP« (»Most Valuable Player« – »Ich bin der wertvollste Spieler«)!

Ich hatte also keine *Verbundenheit*. Außerdem hatte ich kein Mitspracherecht, bei welchen geplanten Projekten ich teilnehmen würde – oder auch nicht. Meine Aufgabe war es, jene Aufgaben zu übernehmen, die das Management mir zuwies, unabhängig davon, wie inspiriert ich durch einen bestimmten Kunden war oder wie viel frische Energie, Networking, oder Wissen ich in das Projekt einbringen könnte. Ich konnte mich nicht für mich selber einsetzen, damit mir Aufgaben zugewiesen wurden, bei denen ich auffallen und durch die ich bemerkt werden würde, wenn es an der Zeit für Belohnungen oder Beförderungen war. Manchmal war ich die richtige Person für den Job, aber meistens war ich nur die naheliegendste Person mit Platz im Kalender für eine neue Aufgabe. Ich hatte also keine *Kontrolle.* Obwohl ich verstanden hatte, dass Gewinn und Verlust diese Entscheidungen diktierten, begann ich zu spüren, dass diese Position mich daran hinderte, meine beste Arbeit beizusteuern und mein volles Potenzial zu erreichen. Ich begann ein quälendes Gefühl zu entwickeln, dass die Arbeit besser gemacht und schneller erledigt werden könnte – mit mehr Authentizität, mehr Integrität, mehr Flexibilität und mehr Transparenz – nicht nur für mich, sondern auch für unsere Kunden. Meine Bedenken hinsichtlich des Personalauswahlverfahrens wurden stärker, trotzdem ich mit den »Besten im Geschäft« zusammenarbeitete. Und so beruhigte ich mich mit dem Wissen, ja so wenigstens meinen Unterhalt zahlen zu können. *Du bist nur jung,* dachte ich. *Es wird sich besser anfühlen, wenn du die Karriereleiter hinaufsteigst.* Mit der Zeit kletterte ich die Stufen hinauf, konnte jedoch das Gefühl nicht loswerden, dass diese Umgebung mir nicht erlaubte, die Arbeit zu tun, für die ich bestimmt war, für jene Art von Kunden, die ich tatsächlich bedienen wollte.

Letztendlich hat mich dieser Mangel an Konsonanz eingeschränkt. Und wie ich in der nächsten Phase meiner Karriere feststellen sollte, ging es mir weniger darum, den finanziellen Ertrag zu maximieren, als vielmehr darum, die Auswirkungen auf die Welt zu erweitern – und dabei gleichzeitig die maximale Flexibilität zu haben, als ich meine Familie vergrößerte sowie den Beitrag zur Gemeinschaft und das politische Engagement fortsetzte. Meine neuen Erfolgsmetriken provozierten ernsthafte Abweichungen gegenüber den Bewertungsmaßstäben des Best-in-the-Business-Unternehmens: Verdiene genug Geld, aber tue dies auf eine Weise, die für mich, mein Team, unsere Kunden und für unsere Familien die beste ist.

Ich hatte die Arbeit der Personalberatung immer noch geliebt, aber ich fühlte mich durch diesen Arbeitsplatz in einer traditionellen Firma eingeschränkt. Um mich zu positionieren, um neue Ansätze für meine Branche zu erkunden – um die Spielregeln zu ändern – musste ich mehr darüber erfahren, *warum* solche Firmen so arbeiteten wie sie es tun. Das habe ich herausgefunden: Die Methoden waren völlig willkürlich.

Traditionell verlangen Personalberatungsunternehmen eine Provision von einem Drittel der Barvergütung im ersten Jahr eines erfolgreich vermittelten Bewerbers. Also eine C-Level Führungskraft mit dreihunderttausend US-Dollar Gehalt pro Jahr, würde einhunderttausend US-Dollar Provision für die Personalvermittlungsfirma erwirtschaften, während die Provision für Jobs mit jährlich neunzigtausend US-Dollar Vergütung im Bereich Soziale Dienstleistungen dem Unternehmen nur dreißigtausend US-Dollar einbringen würde. Tatsächlich wurden also nicht alle Kunden gleich behandelt oder bewertet. Und da war zudem die Garantie: Wenn der Kandidat aus irgendeinem Grund vor den vereinbarten dreihundertfünfundsechzig Tagen kündigte, musste die Firma die Suche kostenlos wiederholen. Diese »Gefahr« des Abspringens war bei den niedrigbezahlten Jobs größer.

Zwar gab es einige Unterschiede in der Komplexität der Arbeit – größere, öffentlichere Positionen erforderten normalerweise größere Komitees und tiefere, umfassendere und somit auch teurere Überprüfungen – doch waren die höheren Aufwendungen nicht groß genug, um eine solche Inflation zu rechtfertigen. Außerdem dachte ich immer, es sei viel einfacher, für eine schicke philanthropische Position in einer Stiftung zu rekrutieren als für die heruntergekommene, für häusliche Gewalt einstehende Anwaltskanzlei, oder für die Personalabteilung eines Obdachlosenheims.

Die höheren, besser bezahlten Positionen boten mehr Personal und Nebenleistungen, befanden sich in schöneren Büros in edleren Nachbarschaften und warben mit einer ganzen Menge langfristiger Karrierechancen für die Kandidaten, die ihre Hüte in den Ring geworfen hatten. Dieses Geschäftsmodell hat perverserweise viele dazu angeregt, mehr

Aufmerksamkeit auf die größeren, einfacheren Kunden zu richten, als auf diejenigen, die unsere Hilfe dringend brauchten und für die jeder ausgegebene Dollar eine schmerzhafte Belastung darstellte. Um die Sache noch schlimmer zu machen: Je mehr Aufträge wir übernahmen, desto mehr verdiente die Firma, und so fühlte ich mich permanent unter Druck gesetzt, möglichst viel zu übernehmen. Was bedeutete, dass ich an den meisten Tagen diese Jobangebots-Suchen mit geringer Provision in die letzten fünf Prozent meiner Zeit und meiner verfügbaren Konzentration quetschte. Kurz gesagt, ich hatte das Gefühl, dass das Ziel des Unternehmens *zuerst Gewinn war und die Auswirkungen an zweiter Stelle kamen.* Das stimmte einfach nicht mit dem überein, was mich an der Arbeit angezogen hatte: qualifizierte, missionsgetriebene Fachleute mit dem richtigen gemeinnützigen Job zu verbinden, damit die Welt ein klein wenig besser würde.

Unsere Kunden waren alle gemeinnützig. Wir alle teilten die gleiche Weltanschauung, den gleichen Wunsch, die Welt zu einem besseren Ort zu machen. Und doch, wie jeder andere, der in einem Job mit zwei Meistern arbeitete, hatte ich ständig das Gefühl, dass sich meine Position auf der dem gemeinnützigen Kunden gegenüberliegenden Seite des Tisches befinden sollte, weil die Gewinn-und-Verlust-Rechnung unserer Firma in aller Stille dazwischen kam und meine Loyalität teilte. Wir mussten den Kunden bedienen, aber wir hatten auch der Firma zu dienen. Unsere Kunden kämpften gegen Analphabetismus in der Kindheit, Krebs, und globale Erwärmung – und hier waren wir und kämpften manchmal gegen sie. Ich wollte auf *ihrer* Seite des Tisches sein, wo wir und sie gegen Krebs waren. Ich wollte unseren Kunden helfen, eine Mission zu erreichen, die wir gemeinsam teilten und wobei ich den größten Nutzen für sie hatte: Den bestmöglichen Kandidaten für ihre Unternehmung zu finden.

Stattdessen hat uns dieses Geschäftsmodell dazu gedrängt, althergebrachte Traditionen zu präsentieren: Kandidaten platzieren, sicherere Wetten abschließen und weniger mutige Entscheidungen treffen. Zum Beispiel bedeutete dies in den späten neunziger Jahren, dass wir nicht darauf drängten, farbige Frauen und Menschen zu bevorzugen, weil es entsprechend wenig Kandidaten in der Talent-Pipeline gab, die die zwanzigjährige Erfahrung hatten, die Präsidenten und CEOs traditionell erwarteten. Wir machten uns Sorgen, dass »der Erste« irgendeiner Art, von jener Kultur (die nicht wusste, wie man Vielfalt lebt und einen Vorteil daraus gewinnt) abgelehnt werden würde.

Ich wusste, dass die Firma nie beabsichtigt hatte, in dieser Position zu landen. Es gab eine hervorragende Bilanz bei der Platzierung von Kandidaten, die zu Vielfalt beigetragen haben, aber dies war immer noch ein sorgfältig eingedämmtes Risiko, »sichere Dinge« eben. Vielleicht fühlte keiner der anderen Angestellten so wie ich, aber dieses Vorgehen ergab für mich einfach keinen Sinn. Wir haben unsere Arbeit großartig gemacht. Aber wir haben auf Nummer Sicher gearbeitet. Und es kostete zahlreichen Kunden sehr viel Geld, wenn ein Teil dieses Geldes (meiner Meinung nach) hätte besser für wichtigere Sachen genutzt werden können. Sie hätten es besser verdient.

Und ich hatte es auch besser verdient. Aber es bedurfte eines letzten Tropfens – die Geburt meines ersten Kindes – der den Becher zum Überlaufen brachte und mich endlich motivierte, das zu tun, was ich als nächstes getan habe: Ein Unternehmen aufzubauen, das sowohl meinen Kunden als auch meinen Mitarbeitern (und mir) gleichermaßen dient.

Befreit von der Jagd nach der traditionellen Gewinn-und-Verlust-Rechnung, konnte ich nicht-traditionelle Arbeiter, außerhalb der Norm, einstellen. Ich habe gelernt, mit ihnen umzugehen und dies nicht basierend auf der Zeit, die sie im Büro verbrachten, sondern anhand der tatsächlich abgelieferten Arbeit. Ich startete von meinem Wohnzimmer aus, mit einem sechs Wochen alten Baby an meiner Seite, stellte junge Mütter ein, international herumziehende Ehepartner, Teilzeitstudenten und, ja, hauptberufliche, erfahrene Führungskräfte. Auch aktive Personalberater aus meiner alten Firma. Sogar so viele, dass der Präsident dieser Firma mich eines Tages anrief und mich bat damit aufzuhören, seinen Stab zu stehlen. Aber hier ist der Kicker: Ich habe nie einen einzigen ausgehenden Anruf getätigt, um aus seinem Team heraus jemanden zu rekrutieren. Sie haben uns selber gefunden, nachdem wir alles um ein einziges Beschäftigungsmodel gruppierten. Um (Sie haben es erraten!) Konsonanz.

Weil wir wussten, dass wir die *Wirkung* maximieren wollten, anstatt den Gewinn, mussten wir unser Geschäft anders führen. Wir entschlossen uns, etwas Radikales zu tun: Wir entschieden uns, den Kunden nicht nach einem beliebigen Prozentsatz des Gehalts für die zu besetzende Stelle zu belasten, sondern nach Komplexität der Suche und dem Arbeitsaufwand. Klingt nach einem guten alten gesunden Menschenverstand, oder? Ich gab meinen Mitarbeitern – die auf Stundenbasis beschäftigt waren – die Flexibilität, so viel oder so wenig Arbeit zu erledigen wie sie wollten und bewältigen konnten, und diese Arbeit von zu Hause aus zu erledigen, wenn sie mochten. Das gab ihnen Kontrolle über das eigene Verdienstpotenzial und den beruflichen Wachstumsquotienten auf eine Weise, die für sie Sinn machte. Sie wurden für jedes Projekt gleich bezahlt. Und die Kunden haben die tatsächlichen Kosten unserer Arbeit bezahlt anstatt schwankender Provisionen, die auf dem Gehalt basierten, das wir für die Position ausgehandelt hatten.

Mit diesem innovativen Modell haben wir gleichzeitig das Spielfeld für unsere Kunden ausgeglichen und lieferten bessere Anreize für unsere Mitarbeiter, die gute Arbeit leisten wollten. Basta.

Diese gute Arbeit brachte mehr gute Arbeit hervor, und für die ersten zehn Jahre wuchs unsere Firma um fast einhundert Prozent pro Jahr.

Jeder von uns auf der Gehaltsliste verdiente mehr Geld als wir für ähnliche Arbeit in den traditionellen Firmen verdient hatten, von denen wir uns abgesetzt hatten (*Beitrag*). Außerdem arbeiteten wir an den Projekten, die uns interessierten und wir arbeiteten bequem von zu Hause aus, mit Flexibilität darüber, wie viel Arbeit wir aufgenommen haben und wann (*Kontrolle*). Wir öffneten den Vorhang und zeigten unseren Kunden, wie wir diese Magie vollbracht hatten; dies half ihnen, sich wohl zu fühlen, wenn sie wagemutigere Entscheidungen trafen (*Verbundenheit*). Wir haben den Sektor gestärkt, einen guten Ruf aufgebaut und entwickelten unsere Karriere in einem Bereich, der uns wichtig war und den wir liebten (*Berufung*).

Ich habe diese Firma 2016 an die Teammitglieder verkauft, die mir geholfen hatten, diese aufzubauen. Während der fünfzehn Jahre, in denen ich die Firma leitete, habe ich sehr viele Dinge gelernt – sowohl von jenen in meiner Firma als auch von den Tausenden von Arbeitnehmern, die wir vermittelt und eingesetzt haben. Arbeiter mit Konsonanz wissen, worauf es ihnen ankommt, und sie sind effektiver, effizienter und engagierter auf lange Sicht. Und sie empfinden sich grenzenlos.

Jeder von uns definiert dies zu unterschiedlichen Zeiten in seiner Karriere unterschiedlich.

Ich musste herausfinden, was für meine Kunden wichtig war. Ich musste herausfinden, was für meine Mitarbeiter wichtig war. Ich musste herausfinden, was *mir* wichtig war.

Jetzt ist es Zeit herauszufinden, worauf es *Ihnen* ankommt.

Kapitel 3

Messen, worauf es ankommt

Das Wichtigste zuerst – also das Erste am Morgen. Ihr Wecker klingelt und reißt Sie aus dem Schlaf. Was sind Ihre ersten Gedanken? Wie beginnen Sie den Tag? Springen Sie auf, um den neuen Tag zu begrüßen und jede Minute zur Wichtigsten Ihres Lebens zu machen, aufgeregt, die vor Ihnen liegenden Herausforderungen anzugehen, das Mark aus dem Leben saugend und genau wissend, wie sich jeder Faden der Anstrengung zu einem größeren Wandteppich an Auswirkungen verwebt? Oder stöhnen Sie, drücken auf die Schlummertaste, drehen Sie sich um und schließen die Augen wieder, nur um davon zu träumen, irgendwo anders auf der Erde etwas anderes zu tun?

Vielleicht sind Sie ja kein eifriger Biber, der aus dem Bett herausspringt. Aber wenn Ihr erster Ausdruck etwas ist, das dem Stöhnen nahe kommt, haben Sie noch viel zu tun.

Lassen Sie mich hier kristallklar sein: Es gibt keine perfekte Antwort. Es gibt keine perfekte Person. Die Priorität, die Sie jedem der vier Elemente der Konsonanz beimessen, erschafft eine Kombination, die unverwechselbar ist. Sie ist aber Ihre eigene Wahl, und das wird diesen Weg für Sie richtig machen. Deshalb wird es Sie grenzenlos machen.

Wie der DJ an einem Stereo-Mischpult können Sie die Pegel jedes Elementes der Konsonanz so steuern, dass dies zu dem Klang führt, der für Sie funktioniert. Hip-Hop erfordert mehr Bass und weniger Höhen als Jazz. Verschiedene Arten Musik sind richtig für verschiedene Menschen. Sie müssen die richtige Kombination für denjenigen finden, der Sie jetzt sind, und einen guten Weg für jene Persönlichkeit finden, die Sie im Verlauf Ihrer Karriere und Ihres Lebens sein werden. Und Sie können es solange nicht herausfinden, wie Sie auf einen Jazzliebhaber hören, der Ihre Hip-Hop-Leistung bewertet. Glauben Sie mir, ich weiß das. Denn trotz meines späteren Erfolgs hatte ich immer noch einige große Wachstumsschmerzen, die mich einschränkten. Es begann, weil ich die falsche Wertungsliste verwendete.

Die falsche Wertungsliste

Zu lange haben wir anhand einer veralteten Liste von Kästchen zum Abhaken gemessen, worauf es ankommt. Eine Aufstellung, die uns vorgab, unsere Optionen für einen potenziellen Arbeitsplatz auf Basis von Kennzahlen auszuwerten, die durch alte Volkswirtschaften vorheriger Generationen limitiert werden. Diese Metriken bewerten den Job, bevor sie *unsere eigenen Interessen* messen. Und das ist der Grund, warum wir uns unter der Bettdecke vergraben und lieber die Schlummertaste drücken. Wenn wir nur nehmen, was uns angeboten wird, lediglich die beste unter den schlechten Angeboten wählen, können wir keinen Weg basierend auf dem finden, was wir wirklich wollen. Dabei akzeptieren wir von Anfang an, dass es Grenzen geben muss – und dann fragen wir uns, warum wir uns selbst durch diese Grenzen eingeschränkt fühlen.

Als die von mir gegründete Firma fünf Jahre alt war, setzte ich mich mit einem Business Coach zusammen. Die Dinge waren gut gelaufen, aber ich wusste, dass wir – mit der richtigen Hilfe – das Unternehmen noch größer und besser aufbauen konnten. Von jeher der Jäger goldener Sterne brachte ich eine ganze Reihe von Tabellenkalkulationen, Strategie-Pläne und Marketing-Material für das Treffen mit, um gut dazustehen. Aber sehr zu meinem Leidwesen sah der Trainer kein einziges meiner Dokumente an. Stattdessen fragte er mich eine scheinbar unschuldige Frage: »Wie bezahlen Sie sich selber?«

Ich schäme mich nicht zu sagen, dass ich ihm eine schreckliche Antwort gegeben habe. Ich war der übliche Amateur-Unternehmer: Mir selber zahlte ich, was auch immer am Ende des Monats übrig war. Ich aß quasi, was ich »erjagt« hatte: in einem Monat Steak, in anderen Monaten Nudeln. Ich bezahlte meine Mitarbeiter, überprüfte die Ausgaben gewissenhaft, investierte Überschüsse zurück in das Unternehmen und legte für schlechte Tage etwas zur Seite. Mir bezahlte ich, was übrig blieb. All das erzählte ich meinem Trainer, stolz auf die Tatsache, dass doch alles ziemlich okay lief. Er warf einen Blick auf mich und sagte dann, ich solle aufhören, ein Idiot zu sein.

Autsch.

Und dann gab er mir einige Hausaufgaben.

Aktualisieren der Erfolgsmetriken

Die Empfehlung des Business Coachs klang einfach: Schreiben Sie eine Liste mit Lebenszielen, die Sie leben wollen.

Wie sich herausstellte, war das gar nicht so einfach. Denn was er hören wollte, war nicht nur das, wovon ich geträumt hatte, zum Beispiel: »ein erfolgreiches Geschäft« und »ein glückliches Zuhause« und eine »erfüllende Karriere«. Stattdessen wollte er, dass ich definierte, was genau mir jedes dieser Dinge bedeutete. Als ich ihm sagte, ich wolle um die Welt reisen, fragte er, wie schick die Hotels wären und ob ich mit der Touristenklasse im Flieger zufrieden wäre. Als ich ihm sagte, ich wolle, dass mein Privatleben harmonisch sei, fragte er, ob das die Flexibilität bedeutete, die Arbeit zu verlassen, wann immer ich wollte, damit ich die Musikabende meiner Kinder und das ultimative Frisbee-Turnier besuchen konnte. Als ich erzählte, ich wollte eine erfüllende Karriere, fragte er, woher ich wissen würde, dass ich erfüllt war und wie ich *Karriere* definierte.

Was der Business Coach von mir verlangte, war zu beschreiben, *warum* ich tat, was ich tat. Er wollte, dass ich die traditionellen Definitionen von *Erfolg* losließ. Er führte mich, um herauszufinden, welche Kästchen ich wirklich, aber wirklich ehrlich, abhaken wollte, ohne dass ich mich nur damit zufrieden gab, wie hübsch ich die jeweiligen Häkchen in die vorgegebenen Kästchen malte.

Ich hatte in den Begriffen gedacht, die den meisten von uns während unseres gesamten Arbeitslebens vertraut sind. Jene Begriffe, mit denen wir den Wert von Arbeit, seine Mission, sein Ziel oder die Möglichkeiten bewerten, die dieser für die Karriere bietet. Wir bewerten die Herausforderung, die Wirkung, welche neuen Fähigkeiten oder Prestige es bringen könnte; und die finanziellen oder sonstigen persönlichen Belohnungen, die wir erwarten. Diese Begriffe, erklärte er, seien zu allgemein, zu weit gefasst, zu universell. Stattdessen wollte er, dass ich herausfinde, welcher Job oder welches Arbeitsszenario das richtige Gleichgewicht für *mich* mit den Metriken, die *mir* etwas bedeuteten, hervorbringen würde.

Obwohl ich es noch nicht bemerkte, bat er mich darum, den potenziellen Wert des Jobs nicht nur anhand des allgemeinen Markwertes zu bewerten, sondern gemessen an meinen eigenen persönlichen Bedürfnissen – der Metriken, die ich später in *die vier Elemente der Konsonanz*: *Berufung*, *Verbundenheit*, *Beitrag* und *Kontrolle* zusammenfassen sollte.

Die Übung half mir zu erkennen, dass ich herausfinden musste, wie ich meine ureigenen Wünsche kombinieren konnte: »Rette die Welt« (das war *mir wirklich wichtig!*) und gleichzeitig ein Geschäft aufbauen konnte, das genug Einkommen abwerfen würde, um sich erstklassige Reisen leisten zu können (*irgendwie bin ich auch eine Prinzessin!*). Wie konnte ich beide Kästchen abhaken, wenn jeder Punkt volles Engagement forderte – wenn jedes der konträren Ziele voller Beurteilung über meine Aktivitäten bei der Verfolgung des jeweils anderen war?

Ich hätte nicht gedacht, dass ich es könnte.

Als ich gezwungen war, diese Fragen zu beantworten, stellte ich fest, dass ich mit meinem Geschäft mit Schwung und Zielen vorwärts raste, aber ohne spezifischen Zweck.

Ich fühlte mich *verbunden* mit der Arbeit und dem Unternehmen, welches ich begonnen und aufgebaut hatte.

Ich hatte *Kontrolle* darüber, wen wir eingestellt haben und welche Kunden Teil unseres Portfolios waren.

Ich habe es genossen, tief in den Dreck einzudringen und Probleme im partnerschaftlichen Miteinander mit unseren Kunden zu lösen. Die Zusammenarbeit mit den Kunden, die alle gemeinnützig waren, ermöglichte es mir, den weißen Hut zu tragen, der symbolisierte, dass wir dabei halfen die Welt zu retten, auch wenn es noch nicht so viel an Geld einbrachte, das ich mir Erste Klasse Sitze im Flieger leisten konnte.

Aber ich benahm mich immer noch so wie ein Hamster im Rad, der immer schneller und schneller läuft, und versucht, mehr Kunden zu dienen und mehr Mitarbeiter zu führen.

Mein Unternehmen wuchs weiterhin sprunghaft, aber die Gewinnspanne kam nur in kleinen Schritten voran. Meine Frustration nahm zu. Wir haben härter gearbeitet, aber unser Einkommen nicht im gleichen Maß wie unseren Einfluss vergrößert. Ich war durch diese alte Bewertungsliste eingeschränkt. Als ich versuchte, das Problem zu lösen, kam ich immer wieder auf die Papierversion des Erfolgs zurück, die mir sagte, ich würde alles richtig machen. Ich konnte die Lösung nicht finden, weil ich das eigentliche Problem nicht sehen konnte.

Erst als ich aufhörte, nur den *Beitrag* zu betrachten, den ich mit dieser Arbeit bezweckte, um das Leben zu leben, das ich wollte – mehr Flexibilität, Engagement in meiner Gemeinde und Familie, mehr Geld für die Airline-Sitze, und mehr die Werte zu leben, die mir am Herzen lagen, und die Welt zu einem besseren Ort zu machen –, erst dann war es mir möglich, die Firma so aufzubauen, dass sie meine Vorstellung von Werten vervollständigte.

Konkret bedeutete das für mich, dass ich mir bewusst machte, nicht allen Menschen gleichzeitig dienen zu können. Also habe ich einen Geschäftspartner hinzugezogen, der das interne Management übernahm, das Team führen und weiterentwickeln konnte – was nie meine Stärke gewesen war. Das hat mich befreit, der Vorreiter unseres Volkes und der Bekehrer für unsere kühne neue Art der Suche zu sein (worin ich am besten war und welches mir am meisten Spaß gemacht hatte). Sobald ich gelernt hatte, die alten Maßstäbe, einen Job zu bewerten, von der neuen Art der Bestimmung zu unterscheiden, gab mir dies Konsonanz. Ich vermied die Grenzen, die mich einschränkten.

Und als ich das tat, gediehen wir.

Rehabilitation der acht Motivationsfaktoren

In der Schule und auf der Uni waren wahrscheinlich Berater da, die Ihnen helfen sollten, einen zukünftigen Bildungsweg basierend auf der Karriereauswahl für Sie zu planen, die Eltern, Lehrer, Freunde und potenzielle Arbeitgeber für sie vorgesehen hatten.

Sie haben Ihre Optionen studiert und dann einen Wert jeder vorgegebene Stellenausschreibung zugeordnet. Sie benutzten dabei Bewertungslisten voller Checkboxen, die Sie anleiten sollten. Doch letztendlich haben diese Kataloge und Kontrollkästchen Sie nur eingeschränkt.

Diese Metriken enthielten wahrscheinlich die folgenden acht Motivationsfaktoren, die Ihnen helfen sollten, den spezifischen Wert Ihres zukünftigen Jobs zu bewerten. Und ob Sie es wussten oder nicht, haben diese acht Metriken Sie wahrscheinlich in Ihrem Denken über jeden Job, den Sie seitdem angenommen haben, beeinflusst.

❖ *Mission*: Was ist das Ziel der Organisation, der Abteilung oder des Jobs? Empfinden Sie eine Leidenschaft für die Arbeit des Unternehmens oder für die Sache? Ist diese Aufgabe Ihnen persönlich wichtig?

❖ *Führung*: Sind Sie von den Verantwortlichen inspiriert? Werden Sie von den Führungskräften an der Spitze ermuntert, motiviert und angespornt? Respektieren oder freuen Sie sich, von der Führungsebene dieses Unternehmens zu lernen?

❖ *Herausforderung*: Ist die betreffende Arbeit etwas, das Sie interessiert? Haben Sie das Gefühl, dass der Job etwas Größeres darstellt? Zwingt es Sie, sich in die Materie zu vertiefen und ein besseres Selbst zu werden?

❖ *Wirkungsbereich*: Ist Ihre Arbeit wichtig? Wird es einen Unterschied machen? Wie groß, wie weitgefächert und wie tief wird der Umfang Ihrer Wirkung sein?

- *Erwerb neuer Fähigkeiten*: Müssen Sie Ihr Handeln optimieren, um in diesem Job erfolgreich zu sein? Werden Sie neue Fähigkeiten lernen? Kommen diese Fähigkeiten Ihrem zukünftigen Selbst direkt zugute?

- *Prestige*: Ist der Ruf des Unternehmens oder der Marke etwas, worauf Sie stolz sein können? Sind Sie glücklich, in der Öffentlichkeit, in der Familie und unter Freunden über Ihre Arbeit zu sprechen? Fühlen Sie sich bei dem Job hervorgehoben? Wird das in Ihrem Lebenslauf gut aussehen?

- *Persönliche Bedürfnisse*: Ermöglicht Ihnen der Job, eine Unterkunft und andere Belange Ihres Lebens zu bezahlen? Wäre dem immer noch so, falls Sie Familie und Kinder planen? Haben Sie weitere Belastungen, die zusätzliche Planung wie Beratung oder eine Lehre benötigen oder ein geliebtes Hobby, eine Sorgerechtsvereinbarung oder andere Beeinträchtigung oder persönliche Hindernisse? Suchen Sie eine Anstellung, die Ihnen Flexibilität bietet, sowie vorteilhafte Nebenleistungen? Erachten Sie besondere geografische Überlegungen für notwendig?

- *Geld*: Und dann ist da natürlich das Geldthema. Für viele ist es die Nummer eins. Für andere tritt es jedoch in den Hintergrund. Wie hoch muss Ihr Einkommen mindestens sein? Wie viel wollen Sie verdienen?

Verstehen Sie mich jetzt nicht falsch. Diese acht Metriken sind nützlich. Aber sie liefern ein unvollständiges Bild. Sie schweben ungebunden im Weltraum losgebunden von dem, was *Ihnen* wichtig ist.

Die Wahrheit ist, dass jeder diese Metriken anders betrachtet. Für einige, im Aufschwung ihrer Karriere, wird das Markenprestige, der Erwerb neuer Fähigkeiten und der Einfluss von größerer Bedeutung sein als die Mission oder das Geld. Andere bevorzugen es, familiäre Belange auszubalancieren, Geld und persönliche Bedürfnisse wie Flexibilität werden hier am wichtigsten sein. In jedem Fall sind diese Metriken immer noch wichtig. Sie geben uns einfach nur nicht das ganze Bild. Und wenn wir sie und nur sie benutzen, werden wir jene Kontrollkästchen verpassen, die uns helfen, unsere Grenzen zu überschreiten.

Nehmen Sie zum Beispiel die Metrik des Geldes. Was Sie *brauchen* und was Sie verdienen *wollen*, sind zwei verschiedene Zahlen. Sie müssen auf jeden Fall Ersteres erreichen: Genug Geld zu verdienen, um zu überleben, ist ein Schlüsselfaktor für jeden. Aber Sie können den Wert der anderen sieben Motivationen abwägen, während Sie nach der zweiten Zahl streben oder dabei Kompromisse eingehen. Anstatt nur über diese veralteten Metriken nachzudenken, um den Job zu messen (*Wie sieht die Bezahlung aus*), sollten Sie Messwerkzeuge verwenden, die Ihre eigenen und einzigartigen Wünsche messen. (*Welche Art von Lebensstil möchte ich leben?*). Durch Optimieren der veralteten Denkmuster können Sie bestimmen, wie diese bestimmte Arbeit zu Ihrer persönlichen Definition von Erfolg beiträgt.

Lassen Sie uns nun über eine andere Metrik nachdenken, die wichtig für Sie sein könnte: das Prestige oder der Markenwert des Unternehmens. Dies beinhaltet, wie der Firmenname sich in Ihrem Lebenslauf macht, was er über Sie und die Art der Person aussagt, die Sie sind. Was sagt die Tatsache, dass Sie bei dieser Firma angestellt sind, über Ihre Schulbildung aus, oder die Verpflichtung, für die Sie sich entschieden haben. Abhängig von der Branche oder dem Fachgebiet, in dem Sie arbeiten, könnte sicherlich eine spezielle Firma, für die Sie arbeiten, einen großen Einfluss auf Ihre zukünftige Karriere haben. Mit anderen Worten: Nehmen Sie eine niedrigere Position an, dafür aber in einem Top-Unternehmen, könnte dies einen höheren Markenwert für Ihre Zukunft haben als eine höhere Karriere als Führungskraft in einem Unternehmen mit einem beschädigten Ruf. Wenn dies für Sie wichtig ist, sollten Sie der Prestigemetrik den Vorrang vor den anderen geben.

Über diese acht motivierenden Faktoren nachzudenken, ist eine Übung, die Ihnen helfen kann, die für Sie wichtigen Metriken in die für Sie richtige Rangfolge einzustufen. Ihre Antworten werden zeigen, wo Sie sich in Ihrem Alter und in Ihrem Lebensabschnitt befinden. Und die gute Nachricht: Es gibt keine falsche Antwort.

Wenn Sie den Kopf schütteln und feststellen, dass Sie viel zu lange zu eng über Ihre Karriere nachgedacht haben: Fühlen Sie sich nicht schlecht. Mit meiner Karriere als Personalvermittler, bin ich angeblich der Experte, aber auch ich habe einige Zeit gebraucht, um diese Dinge herauszufinden.

Während ich lächelte, telefonierte und per Kalt-Akquise Kandidaten anrief und Personal rekrutierte, verließ ich mich völlig auf die alte Bewertungsliste mit diesen acht alten Motivationsfaktoren – Mission, Führung, Herausforderung, Wirkungsbereich, Erwerb neuer Fähigkeiten, Prestige, persönliche Bedürfnisse und Geld – als Anhaltspunkte auf einem Strategieplan: Wenn ich Interesse an einem oder zwei dieser Punkte heraushörte, wusste ich, dass es ein zweites Gespräch geben würde. Wenn zwei oder mehr Punkte herausstachen, war mir klar, dass ich den Fisch am Haken hatte.

Sobald ich wusste, worauf ich hören sollte, war der Aufbau der Kandidatenpools so einfach wie das Angeln eines Fisches in einem Fass. Aber dann bemerkte ich etwas anderes: Meine Kandidatenpools, obwohl reich an Zahlen und Potenzialen, lösten sich langsam auf, während des drei- oder viermonatigen Suchprozesses. Ein ehemals robuster Pool schrumpfte, während die Job-Aspiranten, einer nach dem anderen, aus den verschiedensten Gründen sich wieder verabschiedeten.

Fazit: Diese Motivationsfaktoren bleiben alle wichtige Überlegungen – man kann sich jedoch noch so sehr anstrengen wie man möchte, aber ich war nie in der Lage, meine Bank dazu zu bringen, gutes Karma gegen eine Hypothekenzahlung einzutauschen. Aber was tatsächlich wichtiger als der angebotene Geldbetrag war, ist, *was das Geld für den Kandidaten und das Leben, das er oder sie plante, bedeutete.*

Bis ich in der Lage war, den wahren Wert des Geldes, der Führung, Mission und so weiter herauszufinden – nämlich jenen Maßstab zu erkennen, der insbesondere der Kandidat diesen Punkten zuwies – hatte ich nur die Kontrollkästchen ausgefüllt, und das funktionierte nicht.

Sie sehen, ich habe versucht, ein Produkt – den Job – an Leute zu verkaufen, die nicht unbedingt auf dem freien Arbeitsmarkt auf der Suche nach einer neuen Position waren. Ich habe die Kandidaten nur angerufen, weil sie erfolgreich bei dem waren, was sie taten, und weil dieser Erfolg sie für meine Kunden, dem Arbeitgeber attraktiv machte. Ich habe diese Leute darum gebeten, sich als Kandidaten für diese Suche zu melden, von der sie erst wussten, dass sie existierte, als sie den Hörer abnahmen. Und statt mit einem Angebot an Werten, die für die Person am anderen Ende der Leitung etwas bedeuteten, war ich lediglich mit generischen Kontrollkästchen gewappnet.

Als ich das bemerkte, wusste ich, dass unabdingbar war, in die Fantasie eines Kandidaten einzutauchen und den Bewerber zuerst zu inspirieren. Denn um sie zu motivieren, sich auch wirklich um die mögliche neue Position zu kümmern, mussten sie eine Korrelation zu einem tieferen Bedürfnis herstellen können. Ich musste ihnen zeigen, dass sie durch die Art und Weise, wie sie diese Metriken derzeit interpretiert haben, begrenzt gewesen waren. Dann konnten sie sich selber, in dem Job, den ich anbot, als grenzenlos begreifen.

Bei dem Job, den ich anbot, ging es nicht nur um das Geld, den Markennamen, Prestige oder den Erwerb neuer Fähigkeiten. Es ging darum, wie das Einkommen zu dem Leben beitragen könnte, das diese Person leben wollte, wie der Wert der Marke zu seiner Karriereentwicklung beitragen könnte, und wie das größere Instrumentarium, das in dieser neuen Position erworben wurde, ihnen helfen würde, Geschwindigkeit auf der gewählten Flugbahn zu ihrem Ziel aufzunehmen. Also, um über Werte und Bedürfnisse des einzelnen Kandidaten für einen bestimmten Job zu sprechen, musste ich deutlich tiefer graben.

Aber das war noch nicht alles. Je nach Individualität musste ich jede dieser acht Faktoren – bei jeder der einzuschätzenden Person – dann dahingehend aufschlüsseln, was wirklich wichtig war und erneut tiefer graben als bisher. Um diese Einschätzung dann zu einem größeren Zusammenhang zu erweitern: zu einem Dialog über Konsonanz. Für die Menschen, die die *Verbundenheit* schätzten, sprach ich über die Vorteile, den starken Vorsprung des Unternehmens oder die Herausforderungen, die der Job bot. Für diejenigen, die einen tieferen Sinn brauchten (*Berufung*), ging ich direkt zu den innovativen Missionen der Firma oder die weitreichenden Auswirkungen, die mit der Position einhergingen. Ich konnte den *Beitrag* nicht nur über das Gehalts- und Leistungspaket diskutieren, sondern auch durch die Werte, die das Unternehmen in seiner Arbeit manifestiert hatte. Und ich konnte über *Kontrolle* sprechen, indem ich Geschichten von anderen Angestellten erzählte, die ähnliche Beförderungen und Flexibilität bei einer Agentur gesucht und erreicht hatten.

Mein Business Coach hatte recht gehabt. Um die richtige Arbeit zu finden muss man keine Kontrollkästchen auf einer Liste abgenutzter Werte, Metriken und Entscheidungen anhaken. Es geht darum, wie diese Liste uns die Möglichkeit gibt, die Konsonanz zu messen und zu verstehen, ob die Arbeit, die wir tun, für uns wichtig ist. Es geht bei der Verwendung dieser Liste lediglich darum, die Erwartungen und Grenzen zu entfernen, die uns von jemand anderem auferlegt wurden.

Sobald ich das verstanden hatte, stieg meine Abschlussrate deutlich an. Kandidaten hatten einen Grund, auf der Suche nach Arbeit zu sein, die ihnen wichtig war. Sie hatten einen Grund, während des langen und anspruchsvollen Auswahlprozesses am Ball zu bleiben. Sie konnten sehen, dass dieses Produkt, das ich verkaufte – der Job – im Einklang mit ihrem eigenen Lebensplan war. Sie konnten fühlen, wie sich die Grenzen auflösten, als sie sich das Potenzial der zukünftigen Arbeit vorstellten. Es machte einfach Sinn.

Und sobald Sie verstanden haben, was diese Metriken bedeuten – was sie *für Sie* bedeuten – wird das Ganze auch für Sie einen Sinn machen.

ZWEITER TEIL

DIE VIER ELEMENTE DER KONSONANZ

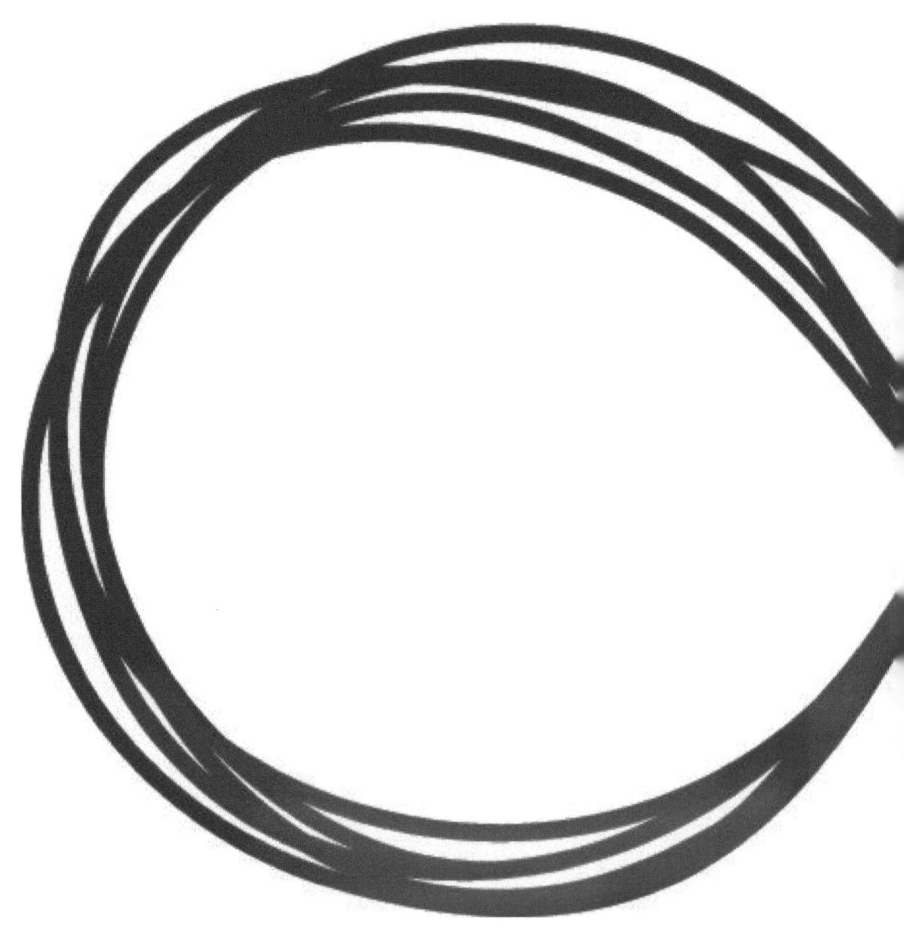

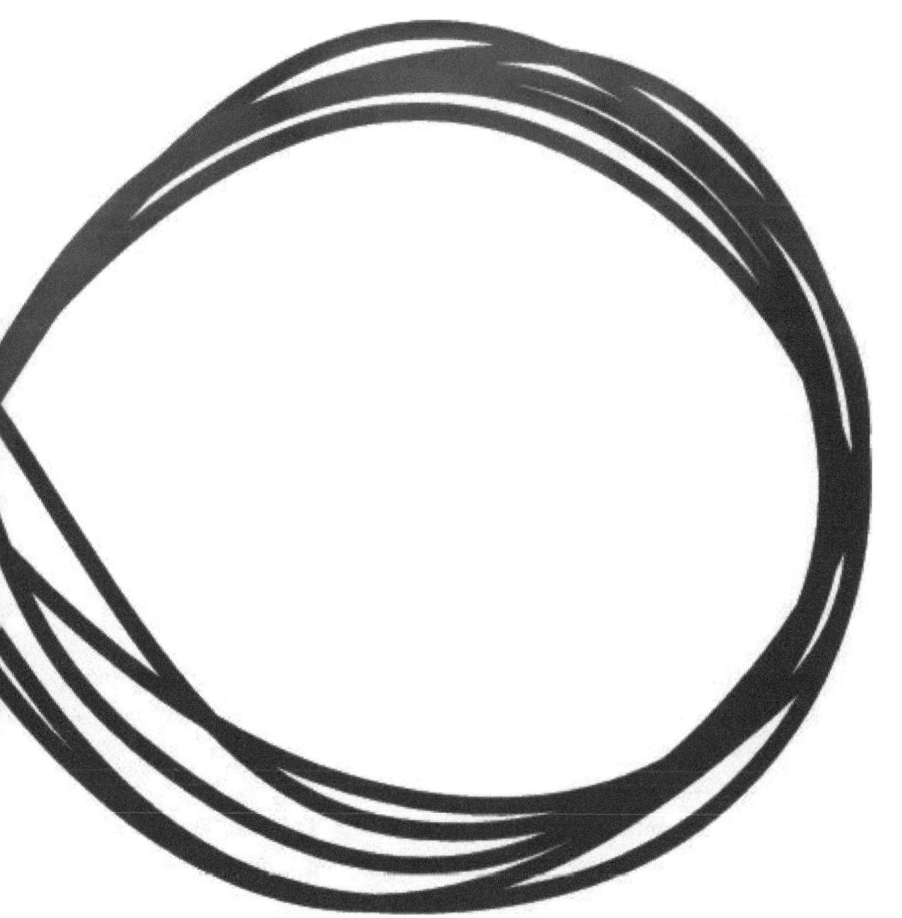

Kapitel 4

Berufung

Als Student an einer bischöflichen Universität dachte Lonsdale Koester, sie hätte die Berufung, Priesterin zu werden. Familie, Fakultät und Freunde waren alle unterstützend und ermutigend, aber auf der Straße zum Erfolg sah sie sich einer Straßensperre nach der anderen gegenüber: von veraltetem Denken bis hin zu Kirchenbürokratie. Ein paar Jahre später hatte sie einen gemeinnützigen Job in Washington, DC und versuchte immer noch hartnäckig, in den Ordinationsprozess einzutreten. Eines Tages begleitete sie ein Laienmitglied der Kirchenleitung ihrer Gemeinde, Erning Body, zum Mittagessen in ein Tex-Mex-Restaurant und sagte jene Worte, die sie nie vergessen sollte: »Man muss kein Priester sein, um zu predigen.«[11] Dieser Moment war umwerfend, ihre Laufbahn verändernd – und wahrscheinlich die erste und einzige Offenbarung, die jemand im nüchternen Zustand in der »Cactus Cantina« erlebte.

Anstatt der säkularen Berufung in der Kirche, folgte Lonsdale der weltlichen Berufung, um einen Unterschied in der Welt zu machen, und

[11] Anmerkung des Übersetzers: Das Wortspiel lautet im Original: »You don't have to be a priest to be a minister«, wobei »Minister« im Englischen sowohl Pfarrer als auch politischer Minister bedeuten kann.

erreichte einen Masterabschluss in Public Policy, mit Schwerpunkt auf Leistungsmanagement.

Zu der Zeit war George W. Bush Präsident im Weißen Haus, und trotz der Tatsache, dass sie mit den meisten seiner republikanischen Ansichten nicht einverstanden war, fühlte sich Lonsdale von einem Amt für glaubensbasierte Initiativen angezogen, das Präsident Bush unterstützte. Sie wollte mehr über jene positiven Auswirkungen erfahren, die durch Bündnisse zwischen religiösen Organisationen und der Regierung erzielt werden konnten.

Nach ihrem Universitätsabschluss meldete Lonsdale sich freiwillig für die Kampagne von Deval Patrick, einem demokratischen Außenseiter für das Gouverneursamt von Massachusetts, um Geld zu sammeln. Ihr Herz war von seiner persönlichen Geschichte angezogen, und seine Leidenschaft für Chancengleichheit für alle Menschen – vor allem gesellschaftliche Außenseiter – faszinierte sie. Ihr Geist war von der Art und Weise angezogen, wie sich Patrick mit Menschen umgab, die für neue Entdeckungen offen waren, die neugierig waren, die daran interessiert waren, neue Dinge zu lernen.

Sie fand sich selbst mitten im Gedränge der Kampagne wieder und später, nachdem Patrick gewonnen hatte, diente sie in seiner Verwaltung, wo sie schließlich ein Leistungsmanagementsystem für den Bundesstaat leitete. Politik und öffentliche Ordnung mögen weit vom Priestertum entfernt sein, aber unter dem Blickwinkel, einen Unterschied in der Welt zu machen und ihre Werte auszuleben, fand Lonsdale hier unbestreitbar ihre Berufung.

Was ist Berufung?

Die offensichtlichste und häufigste Verwendung des Begriffs *Berufung* ist eine traditionelle religiöse, gemeinnützige oder zweckorientierte Art und Weise. Es ist wahr, dass Arbeiten für eine Sache, die größer ist als wir selbst, große Bedeutung für unsere Tätigkeit bringen kann. Wir fühlen uns gut, wenn wir Dinge für andere tun, und unabhängig davon, ob der Zweck eher persönlich (zum Beispiel, um Menschen in der eigenen

Gemeinde zu helfen) oder anonym ist (wie die Finanzierung von Impfungen in Ländern der Dritten Welt), kommt es zu einer karmischen (seelischen) Belohnung. Zu wissen, dass Sie ein wesentlicher Bestandteil der Welt sind, um diese zu einem besseren Ort zu machen, ist befriedigend und kann ein wesentlicher Bestandteil Ihrer Berufung sein.

Dies ist jedoch nur eine von vielen Interpretationen des Begriffes »Berufung«. »Ein höherer Zweck« muss nicht für jeden ein Teil der Gleichung sein. In der Tat finden einige Leute diese Haltung bei der Verfolgung ihrer Ziele schädlich. Denn die Opfer, die sie bringen müssen, um dem höheren Zweck zu dienen – ihre Bereitschaft, ein niedrigeres Gehalt, weniger Nebenleistungen und weniger Flexibilität zu akzeptieren – führt dazu, dass sie sich weniger verbunden, weniger beisteuernd, weniger in Kontrolle fühlen, als es sonst der Fall wäre.

Sie können den ganzen Tag mit Leib und Seele für Ihre Sache kämpfen, aber manchmal fühlt es sich dennoch nur wie ein Tropfen auf den heißen Stein an. Die Begrenzung Ihres Konzepts von Berufung lediglich im religiösen oder karitativen Sinn des Wortes kann verdammt frustrierend sein, um es gelinde auszudrücken.

Dies mag ironisch erscheinen angesichts der Tatsache, dass ich meine Karriere im Dienst für die gemeinnützige Welt begonnen habe und die Menschen ermutigte, ihre Karriere auf den Kopf zu stellen und sich den karitativen Reihen anzuschließen. Trotzdem halte ich diese enge Interpretation von Berufung für problematisch. Der einseitige Blick ist nicht nur unvollständig, sondern verhindert auch, dass Menschen in jeder Phase ihres Lebens nach Konsonanz suchen. Stattdessen gehen sie davon aus, dass ihrer Berufung zu folgen einfach nichts für sie ist oder vielleicht später angegangen werden sollte, wenn sie in Rente gehen.

Fragen Sie sich: Warum muss Ihre Berufung eine höhere Berufung sein? Warum kann es nicht einfach die übergeordnete Sache sein, welche zu einem positiven und erfüllten Leben führt? Kann der Sinn Ihres Lebens nicht einfach darin bestehen, ein Unternehmen oder eine Gemeinschaft aufzubauen, eine Familie zu gründen oder Ihr Leben in ganz eigenem, sehr individuellen Sinn zu leben. Ist nicht das genug? Was genug ist, bestimmen nur Sie!

Eine eingeschränkte Definition von Berufung

Denken Sie an die Personalberatung, die ich gegründet und fünfzehn Jahre geleitet habe. Ja, sie diente dem gemeinnützigen Sektor, aber die Firma selbst war entschieden gewinnorientiert. Lange vor dem Anstieg der Popularität von sozial verantwortungsbewussten Unternehmen oder dem Aufkommen von B-Corps (Unternehmen, die Gewinn und Zweck gleich bewerten), verlor unser zielorientiertes Geschäftsmodell viel Geld, weil wir uns zuerst und vor allem anderen auf das Leben der Werte und die Schaffung eines positiven Beschäftigungsangebots – gleich dem Angebot unserer Kunden – konzentrierten. Trotzdem haben wir immer noch einen kräftigen Gewinn gemacht, weil unser Geschäftsmodell so innovativ und effizient war. Ich nannte uns kein »Profitgesteuertes Unternehmen« sondern »Ausreichend-profit-orientiert«: zuerst ursachenorientiert, aber immer auch den Gewinn im Fokus habend.

Ich weise auf den Unterschied hin, der im Widerspruch zu einer Annahme steht, die viele von uns haben: Dass ein Sinn und Zweck zu haben nur aus wohltätigem Mäzenatentum oder edler gemeinnütziger Arbeit kommt und lediglich im Land des Dienstes und Opferns möglich ist. Aber das ist einfach nicht für alle gültig. Zweck war für mich in der Tat, einer höheren Berufung zu dienen, aber ich wurde erst grenzenlos, als ich herausfand, wie dieses Leben des Dienens in die anderen einhundertachtundvierzig Stunden pro Woche passte, die ich nicht im Büro war. Um zu verstehen, warum wir an dieser falschen Annahme festhalten, ist es wichtig zu lernen, woher jenes Missverständnis kommt. Und dieser Ort ist Plymouth Rock.

Wohltätigkeit mit Zweck verwechseln

Die Pilger, die nach Amerika kamen, waren Puritaner, durch und durch Calvinisten. Weil sie ihre Religion ausüben und gleichzeitig versuchen wollten, genug zu verdienen, um bequem zu leben, wurden sie verfolgt und sie verließen England auf der Suche nach der Freiheit, beides zu tun. Sie fanden die eine Hälfte dieser Gleichung – nämlich religiöse Freiheit – in Holland, aber ohne die Möglichkeit, Geld zu verdienen, beschlossen sie weiterzuziehen.

Ein Calvinist zu sein, hat aber folgendes Problem: Mehr zu verdienen, als man für ein puritanisches Leben benötigt, führte ärgerlicherweise zu Schuldgefühlen gemäß der puritanischen Lehre. Wenn sie also gut darin waren, Geld zu verdienen, mussten sie etwas finden, um diese Schuld abzuarbeiten. Und hier kam John Winthrop ins Spiel.

Auf den Schiffen von Europa nach Nordamerika – genau jene Schiffe, die Hoffnungen brachten und (ähm!) Träume von Reichtum – hielt John Winthrop eine Predigt über Wohltätigkeit und nannte sie die wahrste Form der Erlösung.

Und hier ist der Haken: Wohltätigkeit diente nicht den Armen, wie wir es uns heute gerne vorstellen. Sondern es war die Erlösung für die Schuldigen, die Reichen. Wohltätigkeit war die Buße, die die Puritaner zahlten, weil sie sehr viel mehr Geld verdienten als sie benötigten.

Wie sich herausstellte, war Schuld gut fürs Geschäft. Dieselben Puritaner wählten Winthrop mehrere Male zum Gouverneur der Massachusetts Bay Colony und verankerten seine Worte im Gesetz. Und was war die glorreiche »Stadt auf den Hügeln«, über die er predigte? Diese Idee ist die Wurzel des gemeinnützigen Sektors in den heutigen Vereinigten Staaten von Amerika. Tatsächlich bildete sich der gesamte gemeinnützige Sektor rund um die Annahme, dass es in der Verantwortung der Reichen liegt, sich um die Ärmeren zu kümmern. Dies ist ein wunderbares Konzept, das auf Empathie und Mitgefühl, Gnade und, ja, Nächstenliebe basiert. Aber es hat uns dann dazu veranlasst, in die falsche Richtung zu denken. Viele nehmen an, dass Berufung nur dann von Wert ist, wenn sie auf einem wohltätigen Zweck basiert.

Service muss kein Opfer sein

Aufgrund seiner religiösen Wurzeln führte diese Vorstellung der Nächstenliebe zur Gründung von gemeinnützigen Organisationen, die mit einer breiten Palette an Dienstleistungen für die Armen, Bedürftigen und Unterdrückten daherkamen. Mehrere hundert Jahre später hatte sich der mittlerweile weit verzweigte gemeinnützige Sektor in den USA von einer Form der Erlösung bis zu der Gewinn-und-Verlust-Rechnung entwickelt, die am Ende des Tages offen keinen Profit zeigen durfte, jedoch im verborgenen Geld scheffelte.[12] Die wundervollen wohltätigen Impulse, basierend auf Herzlichkeit statt Wirtschaft, haben sich in ein großes Geschäft verwandelt. Aber viele haben diesen Trend übersehen.

Stellen Sie sich vor, Sie betreiben eine gemeinnützige Organisation, die unterversorgten Kindern hilft.

Der größte Teil Ihres Geldes kommt in Form von Spenden von Einzelpersonen, von Stiftungen oder Zuwendungen der öffentlichen Hand. Wer sind Ihre Kunden: die Kinder oder die Spender? Sie möchten denken, Sie dienen den Kindern, aber das ist nicht der Fall. Die Kinder sind lediglich die Nutznießer. Ihre Spender – die Menschen, die Sie glücklich machen müssen, weil sie die Einnahmequelle sind, die Sie über Wasser hält – sind Ihre wahren Kunden. Dies schafft ein großes Problem, das den gemeinnützigen Sektor weiterhin behindert.

Als der Sektor wuchs und seine Versuche fortsetzte, wohlmeinend (aber falsch informierte) Spender glücklich zu machen, wurden gemeinnützige Organisationen dazu gezwungen, Fragen zu den *Kosten* für die Bereitstellung von Programmen anstatt zur *Wirksamkeit* dieser Programme zu klären. Finanzielle Sorgen führten dazu, dass weniger Investitionen in Personal, Forschung und Entwicklung sowie Programmevaluierung getätigt wurden. Gemeinnützige Arbeit wurde zum Synonym für ständige Kostensenkung und ein Martyrium, das die Rolle des »Sektors des Guten« und den »wahren Weg zur Erleuchtung« predigte, wo die Opferbereitschaft bei den Gönnern gelobt, Selbstkasteiung von den Mitarbeitern geradezu gefordert wurde.

---

[12] Der gemeinnützige Sektor besteht aus 1,57 Millionen Organisationen und zahlt 9,2 Prozent aller Löhne in den Vereinigten Staaten, ohne die vielen religiösen Organisationen gerechnet, die ironischerweise von der Registrierung als gemeinnützig befreit sind. »Quick Facts about Nonprofits« (Kurze Fakten über gemeinnützige Organisationen), National Zentrum für gemeinnützige Statistiken, abgerufen am 2. Oktober 2018 unter https://tinyurl.com/yapqj58u.

Der gemeinnützige Sektor hat uns unbeabsichtigt davon überzeugt, dass wir nur einen Zweck haben, wenn wir von Nutzen sind und dass dieser Nutzen automatisch mit einem Opfer verknüpft ist.

In Schubladen gesteckt werden

Kreiden Sie ruhig jemandem Ihren Hass auf Steuern an, denn es stellt sich heraus, dass diese teilweise für unsere Frustrationen verantwortlich sind. Unsere Beschäftigungsmöglichkeiten sind in erster Linie in gemeinnützige und gewinnorientierte übergeordnete Bereiche aufgeteilt. Darunter befinden sich die verschiedenen Branchen: Wissenschaft, Philanthropie, Anwaltschaft, Human Services, Militär und so weiter. Wenn Sie es vorziehen, können Sie die Bereiche auch in Unternehmen im Privatbesitz, börsennotierte Unternehmen und eine ganze Reihe kleiner Unternehmen mit unterschiedlichsten unternehmerischen Bestrebungen einteilen. Wie auch immer Sie es sehen, es ergibt sich ein vorbestimmtes Diagramm, das zeigt, wie wir uns definieren und wie wir uns selber in eine Schublade stecken.

Die Annahme, dass Zweck lediglich eine Funktion der Nächstenliebe und des Opfers ist, hat auch ein Umfeld geschaffen, in dem Jobs bei gemeinnützigen Organisationen historisch gewachsen im Wesentlichen ehrenamtliche Tätigkeiten sind, während Wirtschaftsunternehmen die Plattform für »echte« Karrieren wurden.

Aber das Wachstum des gemeinnützigen Sektors konnte nicht aufgehalten werden und entwickelte sich rasant. Von den Siedlungen der Jahrhundertwende, die sich auf das Wohlergehen von Kindern konzentrierten zu den Anwaltskanzleien, die sich für Arbeitsgesetze und das Frauenwahlrecht einsetzen … zu dem Sicherheitsnetz während der Weltwirtschaftskrise … zu dem massiven kulturellen Wandel durch die Ära der Bürgerrechtsbewegung, der Umweltbewegung und dem Vietnamkrieg, die die Bürger dazu inspirierten, gemeinsam zu handeln, um schneller voranzukommen und größere Wirkung zu erlangen. Mit diesem Wachstum kamen die Anforderungen nach mehr Professionalität. Aber weil die meiste Aufmerksamkeit der gemeinnützigen Mitarbeiter sich in erster Linie auf die Erbringung von Dienstleistungen konzentrierte, blieben ernsthafte Schulungen für echte Karrieren außen vor. Führungspositionen wurden von ehemaligen Außendienst- und Programmmitarbeitern besetzt, und für diese Führungs- oder Fachkräfte war personelle Entwicklung ein nachrangiger Gedanke. Die Hochschulen mussten aufholen, als der Sektor mehr Ausbildung, mehr Bildung und mehr Zertifizierung verlangte. Die Reaktion war die Schaffung von maßgeschneiderten Kursen für gemeinnütziges Management, und dies hat sich für diejenigen, die eine Karriere im gemeinnützigen Bereich anstreben wollen, gut bewährt.

Vor dreißig Jahren boten nur wenige Universitäten Hochschulabschlüsse in gemeinnützigem Management an, aber jetzt sind es mehr als zweihundert. Absolventen kommen jetzt besser vorbereitet als je zuvor in diesen Sektor und die Ergebnisse und Veränderungen, die gemeinnützige Organisationen herbeiführen, sind bemerkenswert.

Aber dieser Trend hat manchen Menschen das Leben schwerer gemacht, wenn die Berufung sich im Verlauf ihrer verschiedenen Lebensabschnitte verschiebt.

Bedingt durch die tief eingeprägte Mentalität, alles in Berufsklassifikationen einzustufen, werden Studenten immer noch nur in einem Sektor ausgebildet. Arbeitnehmer könnten es schwierig finden, später in ihrer Karriere fließend zwischen den Bereichen zu wechseln. Obwohl viele Branchen davon profitieren würden, wenn sich andere Denkweisen oder Herangehensweisen übertragen ließen. Das Endergebnis sind falsche Annahmen: Erstens haben nur »die da drüben« oder »Menschen in diesen Berufen« einen zweckdienlichen Job. Und zweitens, dass die wahre Bedeutung und ein tatsächlicher Sinn in der Karriere, für die wir uns einmal entschieden haben, unerreichbar sind.

* * * * *

Also, wenn Berufung keine Wohltätigkeit ist ... wenn es kein Opfer ist ... wenn es nicht auf gemeinnützige Arbeit beschränkt ist ... was ist es dann?

Das Entscheidende: Ihre Berufung ist genau das, was *Sie* brauchen. Es ist ihre Daseinsberechtigung, Ihr eigener Kompass, der in Richtung

Konsonanz zeigt. Es ist Ihre persönliche Motivation, der Grund, warum Sie morgens aus dem Bett springen. Ihre Berufung ermöglicht es Ihnen zu identifizieren, wie Sie eine Wirkung erzielen und einen Mehrwert erbringen – es ist die permanente Erinnerung daran, was wirklich wichtig ist. Und ob es eine wohltätige Sache ist, ein unternehmerischer Antrieb oder etwas anderes, dies sollte niemand bewerten – *außer Ihnen selber*.

Vier Möglichkeiten, Ihre Arbeit zu Ihrer Berufung zu machen

Rick Muhr lebt und atmet sportliches Laufen. Er strahlt Selbstvertrauen, Kompetenz und Mitgefühl in der Art aus, wie es alle großen Trainer tun. Er liebt den Sport, aber noch mehr liebt er es, den Sport zu trainieren.

Rick war, seit seiner Zeit bei der Luftwaffe, ein begeisterter Läufer, und er begann zu trainieren, als er während eines Marathons ein Schild für das Programm der Wohltätigkeitsläufer von der »Leukemia & Lymphoma Society« sah. Er wusste sofort, dass das Training der Läufer der perfekte Weg wäre, um seine Mutter zu ehren, die an Leukämie gestorben war.

Nach dem Einstieg in die Coaching-Community im Jahr 2008 war Rick Mitgründer der »Marathon Coalition«, einer gemeinnützigen Organisation, in der er Hunderte von Wohltätigkeitsläufern (einschließlich mir!) ausgebildet hat, um am Boston-Marathon teilzunehmen, und mit der er jährlich über zwei Millionen US-Dollar an Spenden sammelt.

Obwohl er durch die Marathon Coalition ein kleines Einkommen bezog, bezahlte er immer noch die meisten seiner Rechnungen, indem er landesweite Teams von Verkäufern leitete, zunächst bei Pearson Education und später bei Ralph Lauren – ein Job, der ihn zuerst anzog. Er glaubte an die Marken, sah, wie seine Arbeit das Endergebnis beeinflusste, wusste, wie dies zu dem Leben beitrug, welches er leben wollte, und er hatte Kontrolle darüber, wie sehr seine Bemühungen sein Einkommen und seine Karriere beeinflussten.

Dennoch, als Rick zunehmend desillusionierter wurde bei dem Versuch, die vierteljährlichen Verkaufsziele auf Teufel komm raus zu erreichen, erkannte er, dass etwas nicht stimmte. War das seine Berufung? Eigentlich wollte er sein Leben mit Laufen verbringen. Aber es war keinesfalls absehbar, wie er die Marathon Coalition auf eine Größe skalieren konnte, die es ihm erlaubte, davon zu leben und die jetzigen lukrativen, landesweiten Verkaufsjobs hinter sich zu lassen. Im Jahr 2013, beim Spaziergang über die Boston Marathon Messe – eine riesige Messe im Vorfeld des Marathons, auf der sich Unternehmen versammeln, die sich an Läufer richten und Dinge wie GPS-Uhren, Herzfrequenzmesser, Sportbekleidung, Nahrungsergänzungsmittel, Turnschuhe und Fitnessgeräte ausstellen – bemerkte Rick etwas, das er vorher nicht gesehen hatte: eine Laufmaschine ohne Rückstoß-Effekt. Der Zero Runner von Octane Fitness verspricht Langstreckenläufern den heiligen Gral: Für immer laufen zu können, ohne die Gelenke zu schädigen. Als Rick ein Gespräch mit den Gründern führte, erkannte er etwas, das sein Leben verändern sollte: Die Gründer hatten Probleme, ihre Verkäufe zu steigern und brauchten Unterstützung bei einer nationalen Vertriebsstrategie und -ausführung. Und Rick kannte genau den richtigen Mann für den Job: sich selbst.

Wenn Sie jetzt nach Rick suchen, können Sie ihn auf Reisen durch das Land finden. Er wird dafür bezahlt, den ganzen Tag mit Läufern über das Laufen zu sprechen. Das heißt, bis er nach Hause kommt und mit Läufern der Marathon Coalition das ganze Wochenende über das Laufen spricht.

Also, wie können Sie Ihre Berufung finden, wie Rick seine gefunden hat? Und wie werden Sie diese in ihren Lebensplan integrieren?

Finden Sie das, was Sie antreibt

Berufung ist Ihr persönlicher höherer Sinn. Es kann eine übergreifende Motivation sein, ein Ziel zu erreichen, ein Problem zu lösen, ein gesellschaftliches Übel zu beseitigen oder einer lohnenden Sache zu dienen. Es kann ein Endergebnis sein, ein Geschäft oder eine Marke aufzubauen, die es zu lieben lohnt. Es ist die Richtung eines Gesamtziels und der besondere Stolz, den Sie auf den Wert dieses Ziels legen.

Ihre Berufung kann in Form eines von Ihnen gewünschten Zwecks gefunden werden, um einer gemeinnützigen Organisation zu helfen, der Sie dienen möchten. Es kann aber auch eine wichtige Arbeit sein. Mitarbeiter, die auf die Mission der Firma oder ihren Arbeitsplatz stolz sind, können sich bei ihrer Arbeit gut fühlen, ganz egal, welchen Stand in der Gesellschaft die Firma hat und welchen bekannten Markennamen sie trägt. Was zählt, ist, dass die größere Sache, mit der Sie sich verbunden fühlen, Bedeutung für Sie hat. Es ist Ihr *Warum*. Und ja, wenn Sie Unternehmer sind, können auch Sie selber Ihre eigene Berufung sein. Nichts bietet mehr Klarheit über Ihre Berufung als Ihre eigene Motivation, die Sie antreibt, Ihren Traum zu verwirklichen. Die Geschichte ist gefüllt mit erfolgreichen Unternehmern – denken Sie an Henry Ford, Oprah Winfrey, Steve Jobs, Madonna – die nie in ihrem Fokus schwankten, wer sie waren und was sie von ihrer flüchtigen Zeit auf dieser Erde wollten.

Nach dem Börsengang im Jahr 1986, der Bill Gates zum Milliardär machte, drängte ihn seine Mutter, einen Teil seines Geldes wegzugeben. Er soll Berichten zufolge gesagt haben, dass er zu beschäftigt sei, seine Firma zu leiten, und nicht durch solcherlei Ablenkungen eingeschränkt werden wollte. Einige haben das als egoistische Handlung gesehen und nahmen eine skeptische, abwartende Haltung darüber ein, ob er später wirklich philanthropisch werden würde oder nicht.

Zu unsere aller Vorteil hat Gates immer dann am besten gearbeitet, wenn er mit seinem Tun in Einklang gewesen ist. Als er programmieren wollte und weil er die Herausforderung liebte, Probleme zu lösen, baute er seine Firma auf. Diese Tätigkeit und diese Zielstrebigkeit, eine Veränderung zu bewirken, war seine Berufung. Als er später anfing, mehr über die Ursachen (und Auswirkungen) extremer Armut zu lernen, spendete er einhundert Millionen Dollar, um die Bill & Melinda Gates Foundation zu gründen. Und als er Microsoft verließ, wurde er doch noch der Vollzeitphilantrop. Jetzt hat er nicht nur hunderte Millionen, sondern Milliarden von Dollar gespendet, um die weltweiten Probleme wie Armut, Hunger, Krankheit und Ungleichheit an ihren Wurzeln zu packen.

Wenn Sie sich bei Ihrer Berufung nicht sicher sind, fragen Sie sich: Wofür brenne ich? Die Antwort sollte helfen, Ihren Zweck zu klären und diesen in einen besseren Zusammenhang mit Ihrem Arbeitsleben zu bringen.

Machen Sie Einzahlungen in die Bank Ihres zukünftigen Seins

Wenn Sie tun, was Sie lieben, so müssen Sie nie wieder einen Tag in Ihrem Leben arbeiten. Das ist ein kluger Ansatz, aber wieder unvollständig. Herauszufinden, was Sie gerne tun, ist eine gute Sache. Aber das zum Mittelpunkt Ihrer gesamten Karriere zu machen, wiederum nicht. Während Sie wachsen und sich das ganze Leben lang weiterentwickeln, Aufgaben meistern und Rätsel lösen, werden Sie natürlich neue Herausforderungen suchen. Den Mut zu haben, sich diesen zu stellen, ist Teil der Investition in Ihre Leidenschaft. Wenn Sie zu fest an nur einer einzigen Identität (ob Sie Buchhalter, Anwalt, Lehrer oder Maurer sind) kleben, wird die Ungewissheit, sich neu zu finden oder die Notwendigkeit einer Neukalibrierung eines Tages womöglich überwältigend. Außerdem kann es langweilig sein, sich auf der allerersten Arbeitsstelle auszuruhen.

Der Teil der Konsonanz, der durch den Erwerb neuer Fähigkeiten und durch Herausforderung entsteht, wird so aus der Gleichung fallen. Denken Sie stattdessen darüber nach, was Sie mit einer ehrgeizigeren Denkweise lieber tun würden. Denken Sie darüber nach, was Sie in der Zukunft gerne tun möchten, und nicht nur darüber, was Sie in der Vergangenheit geliebt haben. Haben Sie keine Angst vor dieser Divergenz. Obwohl es beunruhigend sein kann, sich für Positionen zu interessieren, für die man anscheinend keine offensichtliche Qualifikation hat. Der oder die Schritte zwischen dem, *wofür Sie qualifiziert sind* und dem *was Sie tun möchten,* sind der Kreditvorschuss, den Sie für die Investition in Ihre Passion erhalten; es ist der Notgroschen an Fähigkeiten, Netzwerken und Wissen, den Sie erwerben müssen. Und das sind alles Einlagen in der zukünftigen Bank Ihres Selbst.

Machen Sie ein Kompetenzen-Inventar

Wenn Sie darüber nachdenken, wozu Sie qualifiziert sind, hören Sie nicht einfach bei den Grenzen Ihrer bezahlten Arbeit auf. Hier scheitern viele bei ihrer Bemühung, ihre Arbeit in eine Berufung umzuwandeln. Sie verlassen sich ausschließlich darauf, wie andere sie in Bezug auf ihre Tagesjobs definiert haben und vergessen, ein breiteres Bild der Fähigkeiten und Kompetenzen zu betrachten, über die sie verfügen.

Sie haben wahrscheinlich Fähigkeiten bei der Arbeit erworben, die leicht zu benennen sind. Aber was ist mit den restlichen Stunden Ihres Tages? Was haben Sie im Kindergarten oder in der Grundschule getan? Wofür haben Sie sich freiwillig gemeldet? Was haben Sie bei Ihrem Engagement gelernt?

Haben Sie Hobbys, Leidenschaften oder Aktivitäten, die Ihnen Fachwissen verliehen haben, das für Ihren neuen Weg relevant ist? Besser noch, was haben Sie an Ihrem Arbeitsplatz außer den jobrelevanten Tätigkeiten getan? Vielleicht ist es etwas, von dem Sie denken, dass es nicht in Ihren Lebenslauf gehört, weil es nicht in Ihrer Stellenbeschreibung steht. Oder vielleicht ist es eine Begabung oder Fähigkeit, die sich für Sie wie eine alte Geschichte anfühlt, weil sie lange zurück liegt. Warum rühmen Sie sich nicht dieser Fähigkeiten, wenn Sie sie noch in der Hinterhand haben?

Wenn Sie ein Kompetenzen-Inventar erstellen, haben Sie zwei Möglichkeiten: Zuerst, und am offensichtlichsten, gibt Ihnen diese Übung einen Eindruck über Ihre Fähigkeiten. Bringen Sie dies zum Tragen, wenn Sie überlegen, die erforderlichen Änderungen vorzunehmen, um Ihre Berufung zu finden. Weniger offensichtlich hilft es Ihnen jedoch zu verstehen, worauf Ihre Aufmerksamkeit liegt. Denn das, was wir beachten, das wächst. Ein guter Hinweis darauf, was Sie interessiert – wofür Sie arbeiten wollen, was Ihre Berufung sein könnte – ist alles, womit Sie Zeit verbracht haben und dem Sie Energie schenkten. Oder was auch immer Sie sich gewünscht hätten zu tun.

Vielleicht denken Sie: »*Es ist schön und gut für Sie, mir zu sagen, ich solle ausziehen und meine Berufung suchen und finden. Aber dieses Privileg steht mir nicht zur Verfügung – zumindest nicht sofort. Es gilt, Rechnungen zu bezahlen, Kinder zu erziehen, Dinge zu erledigen.*«

Was auch immer, dieses »es« steht Ihnen im Weg. Träumen wird vertagt, Visionen werden eingegrenzt und das Leben frustrierend. Aber es gibt Dinge, die Sie tun können und sollten, um den Prozess – jetzt! – zu beginnen, Ihre Berufung zu finden. Und das beinhaltet, alle Optionen zu prüfen und auszubauen.

Anders ausgedrückt: Dies sind klassische Nebenquests für Videospiele. Fragen Sie meinen jugendlichen Sohn, der mich eines Morgens mit diesem Konzept vertraut gemacht hat, als ich mich beklagte, dass ich bei einem Projekt stecken geblieben sei und nicht weiter kommen würde.

»Mama«, erklärte er geduldig, »das ist genauso, wenn ich in einem Onlinespiel einen Drachen töten muss, um damit die Prinzessin im Schloss zu retten. Aber zuerst muss man warten, bis die Freunde ihr Familienessen beendet haben, damit sie sich danach anmelden und mitspielen. Ohne sie kann man nicht an dem eigentlichen Quest arbeiten. Doch während man wartet, kann man die Ernte pflegen, um Weizen zu erhalten. Den kann man dann auf dem Markt verkaufen, der sich auf dem Weg zum Schloss befindet. Und wenn man den Weizen verkauft hat, kann man sich ein neues Pferd oder ein schickes Schwert kaufen, welches man später brauchen wird, wenn man auf diesen Drachen stößt.«

Nebenquests beziehen sich zwar nicht auf das Endziel, aber auf den Pfad dahin.

Erlauben Sie sich, Ihr aktuelles Problem als Chance neu zu definieren. Während Sie auf etwas warten, knüpfen Sie neue Kontakte und erhöhen Sie Ihr Wissen sowie Ihre Ressourcen, die Sie später dann benötigen werden. Machen Sie bei einem Networking-Event mit. Sprechen Sie mit Fremden. Nehmen Sie Unterricht. Bitten Sie darum, bei einer Präsentation mitzumachen, Sie wissen nie, wen Sie treffen könnten und was Sie vielleicht doch noch könnten oder erfahren werden, wo Ihre Interessen liegen oder welchen Drachen Sie schlussendlich erlegen werden.

Fragen, die Sie bei Ihrer Suche nach Ihrer Berufung unterstützen

Um Ihre Berufung zu finden und grenzenlos zu werden, müssen Sie oft nicht-traditionelle, nicht-lineare Pfade einschlagen. Einige Leute kommen durch geplante strategische Maßnahmen dahinter; andere schauen zurück und klopfen sich auf den Rücken, weil sie die ganze Zeit dort waren.

Unabhängig davon kommt Ihre Berufung nicht aus einem Karriere-Handbuch, sondern aus Ihrem Herzen. Ihre Berufung ist so, wie Sie sind und nur Sie definieren diese.

Der Ausstieg aus einem Wall Street-Lebensstil, um nach Kambodscha zu reisen und dort Brunnen zu bauen, macht Sie nicht mehr zu einer Anomalie als das Erhalten eines Zertifikates als Yogalehrerin oder Teilzeit zu arbeiten, wenn Ihre Kinder zur Schule gehen. Scheuen Sie sich nicht vor etwas, das weit weg zu sein scheint. Nach zwanzig Jahren der Befragung von Kandidaten habe ich festgestellt, dass jene mit nicht-linearen Karrierewegen – durch ihre einzigartige Perspektive und Weisheit – die interessantesten Einsichten bieten.

Denken Sie weitläufig und passen Sie Ihre Suche hinsichtlich der professionellen Bedeutung entsprechend an. Jeder von uns kann und sollte die eigene unternehmerische Kraft im eigenen Leben sein, die Berufung verstehen und leben und sie zu einem Motivator machen, grenzenlos zu werden. Dieses unersättliche Ziel – ob es darum geht, die Armen zu ernähren, Ihr Unternehmen zu neuem Glanz zu führen oder nach einer Beförderung zu streben – kann auch Ihre Berufung sein.

Berücksichtigen Sie beim Herausfinden Ihrer Berufung die folgenden Fragen:

- ❖ Können Sie Ihr übergeordnetes Ziel identifizieren?

- ❖ Bringt Ihre Arbeit die Änderung mit sich, die Sie in Ihrer Firma, Ihrer Gemeinde, Ihrem Land, Ihrer Welt vornehmen möchten?

- ❖ Würden Sie härter arbeiten oder mehr Stunden, wenn das, was Sie tun, Ihnen mehr bedeuten würde?

- ❖ Was macht Ihnen mehr Spaß: Ihre Freiwilligenarbeit oder Ihre reguläre Arbeit? Warum?

- ❖ Sind Sie stolz auf die Mission Ihrer Arbeit oder Ihres Arbeitgebers?

- ❖ Warum machen Sie die Arbeit, die Sie machen?

Kapitel 5

Verbundenheit

Scott Monty verbrachte den ersten Teil seiner Karriere in verschiedenen kommunikativen Bereichen und im Namen von Unternehmen und gemeinnützigen Organisationen – manchmal intern, manchmal als Berater. Dann, eines Tages, landete er in seinem Traumjob als globaler Digital- und Multimedia-Kommunikationsmanager für die Ford Motor Company. Zu der Zeit zog der dynamisch visionäre CEO Alan Mulally das Unternehmen und die gesamte Autoindustrie in eine neue Ära, und Scott berichtete direkt an den Leiter der Kommunikation, der wiederum direkt an Alan berichtete.

Aufgrund der Mission des Unternehmens, der Führung des Unternehmens und der Richtung der Firma, dachte Scott, dieser Job sei seine Berufung. Er sah deutlich, wie sich seine Arbeit auf das Endergebnis eines Fortune-Zehn-Unternehmens auswirkte und welche Auswirkungen alle Tätigkeiten auf die Branche und den gesamten Unternehmenssektor hatten.

Aber dann kündigte Mulally an, dass er gehen würde, und das Unternehmen begann, zu seinen alten bürokratischen Strukturen zurückzukehren. Scotts Verbundenheit mit seiner Arbeit schrumpfte, sein Enthusiasmus ebbte ab und seine Aussicht in die Zukunft sahen trübe aus. Während er noch dort beschäftigt war, konnte er seine Arbeit nicht mehr mit der Vision verbinden, die seiner Meinung nach für alle zu Erfolg führte.

Sein Posten als strategischer Leiter Digital wurde maßgeblich gekürzt, und das erschütterte sein Vertrauen in das Unternehmen weiter. Scott hatte alles von sich für Ford hingegeben, aber durch die vielen Stunden, in denen er schnell und effizient für die Firma arbeitete, begann er, seine Verpflichtungen gegenüber seiner Frau und seinen kleinen Kindern zu vernachlässigen.

Scott steckte nun in einer Knochenmühle von Arbeit fest, die sich nicht mehr wichtig anfühlte, mit Menschen, die er nicht mochte, in einer Umgebung, die er nicht mehr wertschätzte, und er tat nicht mehr, was er gerne machte und worin er sich auszeichnete. Er hatte nicht nur die Verbundenheit zu seiner Arbeit verloren; auch die Bindungen zu Hause litten darunter. Also gab er seinen Job auf.

Wenig später hat Scott dann »Brain + Trust Partners« gegründet und arbeitet nun mit Branchenführern als eine Art Berater zusammen. Hier wird versucht, die allgemeine Trägheit von Unternehmen aufzulösen, und auf der Grundlage seiner breiten Palette an Erfahrungen gibt er Einblicke und Empfehlungen. Als Hauptredner zeigt er dem Publikum außerdem, wie es sich unermüdlich auf den Kunden konzentrieren kann. Daran anknüpfend, was ihn zu seiner Berufung bei Ford geführt hat, konnte er aus der neuen Erkenntnis einen Mehrwert generieren und noch innovativeren Firmen zur Verfügung stellen. Jetzt kann Scott wieder eine direkte Verbindung zwischen seiner Arbeit und den Unternehmen erkennen, die seine Kunden zu vergrößern versuchen – und er kann auch mehr Zeit zu Hause mit seiner Familie verbringen.

Was ist Verbundenheit?

Was wäre, wenn Sie morgen nicht zur Arbeit erscheinen würden? Würde es etwas ausmachen?

Nicht alle von uns haben das befriedigende Gefühl, dass die Aufgaben, die wir täglich ausführen, mit der Sache zusammenhängen, der wir dienen möchten, dem Problem, welches wir lösen möchten oder dem Unternehmen, das wir aufbauen möchten. Aus diesem Grund fühlen wir uns nicht schuldig, wenn wir uns krank melden oder etwas früher Feierabend machen, um dem Berufsverkehr zu entgehen. Deshalb sind wir auch nicht schockiert zu hören, dass sich amerikanische Arbeitnehmer von Jahr zu Jahr weniger engagiert fühlen.[13]

Dennoch ist jeder von uns in jedem Job, den wir besetzen, Teil von etwas Größerem: Ein Feld in einem Organigramm, das lokale, regionale und vielleicht sogar nationale und globale Ziele hat. Die Arbeit, die Sie tun, könnte also sehr wichtig sein. Vielleicht haben Sie einfach nicht die Möglichkeit, diese Verbundenheit zu visualisieren.

Als Sklaven der Tyrannei der Dringlichkeit werden wir abgelenkt und verwechseln, beschäftigt und gestresst zu sein damit, wichtige Arbeit zu leisten. Wir laufen wie im Hamsterrad und erledigen mehr Arbeit, aber nicht unbedingt die Arbeit, die zählt. Glauben Sie mir nicht? Versuchen Sie, Ihre größten beruflichen Erfolge in diesem Jahr zu beschreiben, auf die Sie am meisten stolz sind.

Nein, warten Sie. Machen wir es anders.

Sie haben wahrscheinlich damit begonnen, das Wort »wir« zu verwenden. (Da »wir« dies erreicht haben oder es »uns« gelungen ist). Für den Zweck dieser Übung möchte ich jedoch, dass Sie die Manieren, die Ihre Mutter Ihnen beigebracht hat, ignorieren und schrecklich egozentrisch sind. (Machen Sie sich keine Sorgen, ich werde es nicht verraten. Ganz großes Pfadfinder-Ehrenwort!)

Beginnen Sie erneut, aber mit dem Wort »Ich« und beantworten Sie die folgenden Fragen: Welche Ziele wären ohne die Tatsache, dass Sie, *insbesondere Sie*, in diesem Job waren, niemals erreicht worden? Können Sie eine klare, eindeutige Grenze zwischen Ihrer täglichen Arbeit und Ihren monatlichen, vierteljährlichen oder jährlichen Zielen ziehen?

Und wie wirkt sich diese Arbeit auf die Berufung aus, der Sie dienen möchten?

---

[13] Gallup-Umfragen haben durchweg ergeben, dass sich nur ein Drittel der US-Arbeitnehmer sich aktiv engagiert in ihren Jobs fühlen. Amy Adkins, »Mitarbeiterengagement in den USA stagniert 2015«, *Arbeitsplatz* (Blog), Gallup.com, 13. Januar 2016, https://tinyurl.com/ydagwkhf.

Wenn Sie diese Fragen nicht beantworten können, haben Sie wahrscheinlich nicht – oder zumindest weniger – das Gefühl einer Verbundenheit. Und ohne zu verstehen, wie Ihre Arbeit mit dieser Berufung zusammenhängt, die Sie lieben, werden Sie frustriert sein. Grenzenlos zu werden erfordert Verbundenheit.

Der Mangel an Perspektive

Warum rennen wir weiter in diesem Hamsterrad herum, arbeiten immer härter, haben aber nicht das Gefühl, Fortschritte zu machen? Warum klotzen wir so richtig ran, um unsere To-Do-Liste zu vervollständigen oder unseren Posteingang zu leeren, wenn diese Dinge nichts mit den größeren strategischen Erfordernissen zu tun haben, die uns belasten? Warum agieren wir weiter, wenn unsere Handlungen so offensichtlich nicht mit der Erfüllung unserer Berufung verbunden sind?

Alles beginnt mit einem Mangel an Perspektive auf das eigentliche Problem, das wir zu lösen versuchen. Und wir erlangen nur dann eine umfassende Perspektive, wenn wir zurücktreten und neu bewerten, wie wir uns mit und durch unsere Arbeit verbinden.

Aktion ist nicht gleich Wirkung

Als ein Amok-Schütze an der Sandy Hook Elementary School zwanzig Kinder und sechs Erwachsene tötete, wurden mehr als siebenundsechzigtausend Teddybären nach Newtown, Connecticut geschickt. Und das ist nur ein Bruchteil dessen, was nach dem Hurrikan Sandy in New York und New Jersey, dem Super Taifun Haiyan auf den Philippinen und dem japanischen Erdbeben, das die Katastrophe von Fukushima verursacht hat, aufgetreten ist. Haben Sie sich jemals gefragt, was mit all diesen Teddybären passiert ist? Einige landeten in den Händen kleiner Kinder, als die kleinen Hoffnungsschimmer, die sie sein sollten. Aber die bei Weitem überwiegende Mehrzahl landete in Müllcontainern, um verbrannt zu werden.

Nun, es fühlt gut an – für uns –, Teddybären zu schicken. Der Wunsch zu trösten kommt vom besten Teil unserer Menschheit und ist ein edler Impuls. Natürlich ist nichts Falsches daran, einem sich durchkämpfenden Kind einen Teddybären schicken zu wollen, genauso wie nichts Falsches daran ist, während eines Schneesturms ein Bett in einem Obdachlosenheim zu finanzieren oder nach einem Terroranschlag einen halben Liter Blut zu spenden. Diese Bemühungen tun gut und schaffen ein Gefühl der Verbundenheit zur Sache. Allerdings nur vorübergehend.

So gut sie sich auch anfühlen, so edel sie auch sind, diese Bemühungen lösen das Problem nicht. Wir lassen uns in den Kathedralen des kurzfristigen Komforts ermutigen, *etwas* zu tun, obwohl wir tatsächlich aber Institutionen des langfristigen Wandels aufbauen müssten – *das Richtige* zu tun!

Wenn es aber im Schnelldurchlauf zur nächsten Katastrophe, zum nächsten Angriff, zur nächsten schockierenden Nachricht geht, fühlen wir uns schnell blockiert. Das zarte, zuckerwatteartige Gefühl der Verbundenheit – dieser momentane Dopamin-Anstieg, dieses egosteigernde Klopfen auf den Rücken – verschwindet schnell. Wir haben wenig später immer die gleichen Fragen: *Warum ist es erneut passiert? Was kann ich machen, um zu helfen? Wie kann ich etwas tun, das wirklich wichtig ist?*

Zu oft entscheiden wir, wie wir handeln sollen, basierend auf einer begrenzten kurzfristigen Perspektive dessen, was benötigt wird, um eine bestimmte Situation zu lösen. Wenn wir keine langfristige Sichtweise haben, tragen unsere schnellen Lösungen nicht zu jener Welt bei, die wir schaffen möchten. Wenn wir uns nicht die richtige Lösung vorstellen, können wir unsere Handlungen nicht darauf abstimmen, wie wir unsere besten Fähigkeiten einsetzen können. Sicher, wir hatten Aktion – aber keine Auswirkungen. Ohne Auswirkungen haben wir keine dauerhafte Verbindung dazu, wie diese Aktionen tatsächlich einen Unterschied machen, tatsächlich von Bedeutung sind. Und wir fragen uns, warum wir uns in unserer Fähigkeit, etwas zu erledigen, so eingeschränkt fühlen. Es müssen echte, dauerhafte Lösungen her.

Die richtige Frage stellen

Dieser Kontrast – die Erschöpfung, weil wir so beschäftigt sind, im Vergleich zu dem Mangel an jenen Fortschritten, die wir tatsächlich machen – zeigt sich immer wieder in den Gesprächen, die ich im Laufe meiner Karriere mit Hunderten von Führungskräften geführt habe. Diejenigen, die sich auf die täglichen Aufgaben (die Aktion) konzentrierten, fühlten sich überfrachtet und gestresst. So viele fühlten sich unerfüllt, weil das Grundproblem nie verschwand. Im Gegensatz dazu fühlten sich diejenigen, die sich auf die Ergebnisse (die Auswirkungen) konzentrierten, konsonant, weil sie den Zusammenhang zwischen ihrer Arbeit und den langfristigen Problemen sehen konnten, die sie zu lösen versuchten.

Was ist der Unterschied zwischen den beiden? Es kommt darauf an, die richtige Frage basierend auf der richtigen Perspektive zu stellen.

Diejenigen, die ihre Arbeit aufgrund einer Frage wählen, die sich auf die kurzfristigen Maßnahmen konzentriert – wie kann ich helfen? – lösen nur kurzfristige Probleme. Bevor Sie mich mit Tomaten bewerfen, hören Sie Folgendes: Die Lösung kurzfristiger Probleme ist eine wichtige Aufgabe, die beachtet werden sollte.

Offensichtlich müssen die kurzfristigen Probleme noch gelöst werden, und diese Aktivität kann für einige eine gute und sinnvolle Beschäftigung darstellen. Die meisten von uns stecken jedoch fest, sind frustriert und eingeschränkt, bis wir diese Arbeit schließlich auch mit der langfristigen Lösung verbinden. Und meiner Erfahrung nach stellen diejenigen, die sich auf langfristige Lösungen konzentrieren und im Laufe der Zeit mehr Übereinstimmung (und weniger Burn-out) verspüren, eine andere Frage: Was muss passieren?

Einfach ausgedrückt, ist eine vernünftige Waffenkontrolle in den USA eine bessere Lösung als dort Teddybären zu deponieren. Und wie ist das in diesem Land?

Vier Möglichkeiten, um das Gefühl der Verbundenheit in Ihre Arbeit zu bringen

Adam Foss besuchte die juristische Fakultät, um später Geld zu verdienen. Punktum. Er hatte kein Interesse daran, ein Beamter zu sein, hatte kein Interesse am Strafrecht und hätte definitiv nie gedacht, dass er Staatsanwalt werden würde. Am Ende seines ersten Studienjahres erhielt Adam ein Praktikum bei einem örtlichen Amtsgericht in einem von Waffengewalt und Drogenkriminalität geplagten Viertel. Seine Perspektive wurde am ersten Tag radikal umgestaltet. Immer wieder sah Adam, wie Richter, Verteidiger und Staatsanwälte lebensverändernde Entscheidungen über Angeklagte trafen, ohne dass die Angeklagten selbst viel, wenn überhaupt, dazu beitrugen. Seine Berufung änderte sich plötzlich: Vom Geldverdienen für sich selbst zur Gewährleistung der Gerechtigkeit für alle. Um es besser zu machen, wurde er Staatsanwalt und verband seine tägliche Arbeit im Namen seiner Mandanten mit diesem Endziel. Darin fand er Konsonanz – dachte er zumindest.

Dann lernte Adam Christopher kennen, einen achtzehnjährigen afroamerikanischen Abiturienten, der ein College besuchen wollte, aber nur wenig Geld besaß, um seinen Weg dorthin zu bezahlen. In seiner Verzweiflung traf Christopher eine schlechte Entscheidung: Er stahl dreißig Laptops und versuchte, sie im Internet zu verkaufen. Als es Zeit für Christophers Anklage wurde, erkannte Adam, dass er eine Entscheidung treffen musste, die Christopher für immer betreffen würde: Den Fall vor Gericht zu bringen und den jungen Mann ins Gefängnis zu schicken oder ihn in einen Plädoyer-Deal einzubeziehen, um ihm die Chance zu geben, ein normales Leben zu führen. Spoiler Alarm: Adam hat Letzteres getan.

Mithilfe von Christopher haben sie fünfundsiebzig Prozent der Computer wiederbeschafft und sie an Best Buy zurückgegeben und einen Plan für die finanzielle Wiedergutmachung und den gemeinnützigen Dienst erstellt. Christopher bewarb sich am College, erhielt finanzielle Unterstützung, absolvierte eine vierjährige Schule und ist jetzt Manager bei einer örtlichen Bank.

Adam glaubte, dass er bereits eine tiefe Verbindung zu seiner Arbeit hatte, aber als er Christophers Fall behandelte, wurde ihm etwas klar. Obwohl er in der Lage war, die Ergebnisse für einzelne Klienten und Einzelfälle zu beeinflussen, ging seine tägliche Arbeit nicht weit genug, um seiner Berufung nachzukommen: gleiche Gerechtigkeit und Fairness für alle.

Was ist mit all den anderen Staatsanwälten da draußen – ungeschult, frei und ahnungslos? Sie – keine Richter, keine Politiker, keine Sheriffs – geben die Empfehlungen ab und sind der Dreh- und Angelpunkt bei der Entscheidung über das Schicksal der meisten in den Vereinigten Staaten Verhafteten. Adam kratzte nur an der Oberfläche, ein Fall nach dem anderen, und steckte metaphorisch gesprochen seinen Finger in das Loch im Deich, um die Überflutung zu verhindern. Er war nicht wirklich verbunden.

Also wurde er strategisch und nutzte seine Fähigkeiten als Anwalt, um zu recherchieren, argumentieren, lehren und letztendlich dafür einzutreten, dass die Staatsanwälte die ihnen übertragenen Befugnisse besser verstehen und ausführen. Er benutzte sein Charisma, sein Wissen und seine eigene Lebensgeschichte. Wenn Sie denken, ich flunkere, schauen Sie sich seinen TED-Vortrag an und sehen Sie selber. Und er gründete »Prosecutor Impact«, das Staatsanwälte darin schult, die Sicherheit in der Gemeinde zu verbessern, durch das bessere Verständnis, wer der wichtigste Akteur in der Strafjustiz ist: der Staatsanwalt.

Wie können Sie wie Adam die notwendigen Änderungen vornehmen, um besser zu verstehen, wie Ihre Arbeit Ihrer Berufung dienen kann? Wie können Sie Ihre Verbindung verbessern, um die Konsonanz in Ihrem Leben zu erhöhen? Wie können Sie ein Vorbild für andere sein?

Ein guter Mix aus »ja« und »nein«

Der härteste, persönliche und berufliche Rat, den ich je bekommen habe, lautete: »Du bist einfach nicht so wichtig, wie du denkst.«

Zu dieser Zeit baute ich gleichzeitig mein Geschäft, meine Familie und meine Gemeinschaft auf, während ich zu jeder Zeit alles für alle

Menschen war. Es schien sicher, dass ich für die Welt um mich herum wichtig war. Ich hatte Vollgas gegeben. Ich trat Leuten in den Arsch und nannte die Dinge beim Namen. Ich setzte mich für die Belange anderer ein. Und ich brachte mich fast um, als ich versuchte, alles gleichzeitig zu tun. Dieser Zustand war unhaltbar. Ich musste lernen, »Nein« zu sagen. Aber ich hatte es doch geliebt, »Ja« zu sagen! Sie können Ihre Option nicht vergrößern, ohne Ja zu sagen. Das Problem war, ich dachte, dass alles, was ich tat, mich mit meiner Berufung verband, und ich wollte meine Handlungen rechtfertigen.

Als ich einen Rat suchte, der bestätigen sollte, dass ich tatsächlich ein Dynamo war, der ständig »Ja« sagte, konnte ich nur Blogs finden, in denen es darum ging, »Nein« zu sagen: Wie man »Nein« sagt (aus Selbstachtung) und warum »Nein« gut für mich ist (mehr Zeit, bessere Grenzen, sprudelndere Bäder). Aber nichts sprach wirklich für eine eindeutige Position. Somit fand ich für mich heraus: Anstatt zu lernen, wie man »Nein« sagt, habe ich mir selber beigebracht, wie man besser »Ja« sagt. Als ich anfing, zu den richtigen Dingen »Ja« zu sagen, hatte ich keine Zeit mehr für die falschen Dinge. Es war Magie! Und alles lief darauf hinaus, vier einfache Fragen zu stellen.

Zuerst: Wird Ihnen dieses Ding helfen? Stellen Sie sicher, dass Sie sich selbst sehen können – auf der anderen Seite dieses Projekts – zum Beispiel bei der Beförderung, beim Kuchenverkauf, beim Vorsitz des Ausschusses oder um Ihren persönlichen oder beruflichen Zielen näher zu kommen.

Zweitens: Hilft dieses Ding jemand anderem? Während einige Anfragen Sie scheinbar nur mit psychischem Karma bezahlen, enthalten sie möglicherweise eine nützliche Beilage: Sie an neue Orte bringen, Sie neuen Menschen vorstellen, Sie über neue Themen unterrichten oder Ihnen neue Fähigkeiten vermitteln.

Drittens: Wird Ihnen diese Wahl Freude bereiten? Wenn es Ihnen nicht zugutekommt und jemand anderem nicht hilft und Ihnen keine Freude bereitet, ist es ein Nichtstarter. Aber wenn es Ihnen Freude macht, dann werfen Sie die Vorsicht in den Wind und sagen Sie »Ja«. Sie werden den Rest herausfinden.

Viertens und vor allem: Kann (oder besser gesagt: sollte) jemand anderes das tun? Wir sagen oft ja, nur weil wir gefragt werden – ob wir uns dabei geschmeichelt, schuldbewusst oder gefangen fühlen, sei dahingestellt. Aber seien wir ehrlich: Oft werden wir gefragt, nicht weil wir als der beste Mann oder die beste Frau für die Aufgabe sind und von Hand ausgewählt wurden, sondern einfach, weil wir zum falschen Zeitpunkt Augenkontakt hergestellt haben. Fassen Sie Ihr Ego zusammen, engagieren Sie Ihren Intellekt (und Ihren Karteikasten mit Kontakten) und treten Sie in den Hintergrund, wenn Sie nicht die richtige Person für den Job sind. Ärgern Sie sich nicht – sie werden jemanden finden. Sie tun es immer. Es stellt sich dann heraus, dass Sie für einige Dinge einfach nicht so wichtig sind. Und als zusätzlicher Bonus wird das »Nein«-Sagen Zeit sparen, damit Sie die Dinge tun können, für die Sie wirklich so wichtig sind.

Fragen Sie nach dem Blickwinkel

Irgendwo auf Ihrem Weg vom bloßen Ausführenden zur Führungskraft werden Sie einem Chef begegnen, der gedankenlos eine E-Mail weiterleitet oder eine Idee mit dem Intro herauswirft: »Wäre es nicht großartig, wenn ...?« Und Sie werden sich bemühen, Ideen zu entwickeln, Lösungen zu präsentieren und Innovationen zu entwickeln – alles in diesem Vakuum von Informationen. Die ganze Zeit über fragen Sie sich, was in aller Welt der Chef eigentlich meinte, ob Sie in die richtige Richtung gehen oder ob dieser neue Albtraum überhaupt priorisiert werden sollte. Sie werden in solch einem Fall keine Ahnung haben, wie der abwegige Auftrag mit dem strategischen Plan, den vierteljährlichen Zielen oder irgendetwas anderem zusammenhängt.

Wenn jemand Sie zum Springen auffordert, ist dann Ihre reflexartige Reaktion, nur innezuhalten, um zu fragen: »Wie hoch«? Wenn ja, denken Sie daran, dass es empfehlenswert ist, nicht nach einer Lösung zu suchen, bevor Sie die Frage überhaupt verstanden haben. Anstatt sich nur einen Ideenballon zu schnappen und ihn an einen Ehrenplatz ganz oben auf Ihrer To-Do-Liste zu ziehen, halten Sie zunächst an und bitten Sie den Absender um Klärung des Zwecks der Aufgabe. Erfahren Sie genau, wie Erfolg aussehen würde, wie Sie wissen können, ob Sie ihn erreichen und wann Sie um Hilfe rufen müssen. Fragen Sie nach direkteren Informationen darüber, wie die Arbeit die Vision bereichert, der Sie dienen möchten. Sie verschwenden so weniger Zeit und Mühe, sodass Sie an Projekten arbeiten können, die sich verbundener anfühlen.

Die Visualisierung, wie Ihre Arbeit mit dem Erfolg verbunden ist, kann auch die Aufforderung beinhalten, an Meetings, Präsentationen, Cocktailpartys und Networking-Veranstaltungen teilzunehmen – alles, was Ihnen helfen kann, das Gesamtbild zu verstehen und zu erfahren, wie die Verantwortlichen Entscheidungen treffen, die sich auf Ihr Leben auswirken.

Führungskräfte möchten häufig Nachwuchskräfte nicht übermäßig belasten und freuen sich, dass Sie Interesse zeigen. Diese Ereignisse sind nicht nur nützlich, um eine Verbindung zur Arbeit herzustellen, sondern die Zeit, die Sie unterwegs verbringen, hilft Ihnen auch dabei, eine Verbundenheit zur Führungskraft aufzubauen.

Denken Sie strategisch, um größer zu werden

Die Arbeit für einen inspirierenden Führer kann eine Verbindung herstellen, unabhängig davon, ob dieser Führer die prototypische laute, offene, charismatische Persönlichkeit oder ein ruhigerer Typ ist, der aus dem Hintergrund heraus führt.

In jedem Fall können Sie durch die Nähe zum Geschehen einen Eindruck davon bekommen, wie solche Führungskräfte arbeiten, wie sie denken und wie sie sich mit Ihrer Berufung verbinden. Und dies könnte die Form einer Rolle annehmen, die sich auf einer niedrigeren Ebene befindet, aber in einem höheren Amt. Suchen Sie im Organigramm nach dem Feld, das so nah wie möglich an der Aktion liegt, auch wenn dies bedeutet, dass Sie einen geringwertigeren Job annehmen. Ein Assistent im Büro des CEO zu sein, zeigt Ihnen mehr, bringt Ihnen mehr bei, verbindet Sie mehr als ein Abteilungsleiterposten, der vierzehn Sprossen tiefer liegt. Wenn Sie verbunden werden möchten, müssen Sie sich in dem Raum befinden, in dem dies geschieht. Sie erhalten nicht nur Einblicke in Ihre Arbeit, sondern auch in jede Rolle in der Organisation.

Lassen Sie Ihren Lebenslauf für Sie arbeiten

Demut, Kurzsichtigkeit, Amnesie und Dringlichkeit sind die vier Reiter der Lebenslauf-Apokalypse. Denken Sie an eine Zeit zurück (außerhalb dieser ersten Jobsuche nach Abschluss des Studiums), in der Sie nach einem Lebenslauf gefragt wurden.

Während Sie sich hinsetzten, um zu aktualisieren, was Sie tatsächlich erreicht hatten, haben Sie versucht, ein Gleichgewicht zwischen Stolz und Arroganz zu finden, um alles, was Sie tun können, unter einer Berufsbezeichnung zusammenzufassen, sich an alles zu erinnern, was Sie zwischen damals und heute erreicht hatten; und das Ganze fristgerecht abzuschließen. Dies war keine leichte Aufgabe, und deshalb ist es wichtig, Ihren Lebenslauf auf dem neuesten Stand zu halten, auch wenn Sie gerade nicht auf dem Markt für einen neuen Job sind.

Wenn Sie Ihren Lebenslauf mindestens einmal im Jahr aktualisieren, werden Sie daran erinnert, wie wichtig Ihre Arbeit ist, oder Sie werden feststellen, dass dies nicht der Fall ist. Aber hier ist der Trick: Listen Sie Ihre Erfolge auf, nicht Ihre Tätigkeiten. Schreiben Sie nicht einfach nur Firma und Jobbeschreibung auf. Schreiben Sie über die Ergebnisse, die von dieser Aktion herrührten. Dann überlegen Sie sich diese Ergebnisse genau. Wenn Sie eine direkte Linie von Ihrer Arbeit zu der Berufung ziehen können, der Sie dienen möchten, haben Sie eine Verbindung, fühlen Sie Verbundenheit. Wenn Sie dies nicht können, werden die Löcher, die Sie füllen müssen, deutlich.

Lassen Sie nicht die Arbeit unberücksichtigt, die Sie außerhalb Ihrer spezifischen Berufsbezeichnung leisten. Denken Sie daran, Arbeiten einzubeziehen, die Sie möglicherweise als Mitglied eines Ad-hoc-Büroausschusses geleistet haben, unabhängig davon, ob es sich um Ihre offiziellen Aufgaben handelt. Untersuchen Sie Ihre Projekte und heben Sie alle Fähigkeiten hervor, die Sie bei der Ausführung der einzelnen Aufgaben entwickelt haben. Auch wenn diese Fähigkeiten und Aufgaben für Ihren aktuellen Job nicht relevant erscheinen, können sie später Teil des Gesamtbildes der Konsonanz sein.

Und selbst wenn dies nicht der Fall ist oder wenn Sie keine Verbindung finden, stärkt der Bewertungs- und Inventarisierungsprozess der Lebenslaufwartung Ihr Vertrauen in Ihre Fähigkeiten. Dies kann Ihnen helfen, wenn Sie bereit sind, den Sprung in Richtung Ihrer Berufung zu wagen.

Fragen, die Sie bei der Suche nach Verbundenheit unterstützen

Vernetzte Mitarbeiter sind am engagiertesten und am erfolgreichsten. Sie sind eifrig. Sie sind voller Energie. Sie nehmen ihre Arbeit ernst, weil sie die Auswirkungen auf ihre Kollegen, den Quartalsbericht oder die Unternehmensmission verstehen.

Isolierte Arbeitnehmer sind ebenso leicht zu erkennen. Sie kommen zur Arbeit und erledigen ihre Aufgaben, aber sie sind unzufrieden. Sie fühlen sich unterschätzt, unterbewertet und unterbezahlt. Manchmal sind es diejenigen, die auf ihrem Weg im Arbeitsleben den Dampf verloren haben. Und manchmal sind sie diejenigen, die denken, sie treten sich und anderen in den Arsch für beste Leistung – und sie arbeiten wirklich hart, aber sie bauen wunderschöne Systeme, die nur in isolierten Systemen funktionieren. Berücksichtigen Sie bei der Suche nach der Verbundenheit die folgenden Fragen:

- ❖ Was würde passieren, wenn Sie heute nicht zur Arbeit erscheinen würden?
- ❖ Verstehen Sie, wie Ihre Arbeit mit dem Problem zusammenhängt, das Sie lösen möchten, oder mit dem Unternehmen, das Sie aufbauen möchten?

❖ Wie viel Ihrer Arbeit hängt mit Ihren Zielen zusammen?

❖ Wissen Sie genau, was Sie jeden Tag tun müssen und wie dies Ihre Ziele voranbringt?

❖ Wie wirkt sich Ihr Erfolg bei Ihrer Arbeit auf den Erfolg der Berufung aus, der Sie dienen möchten?

❖ Wie wirkt sich Ihre Beziehung zum Leiter oder Manager auf Ihre Verbundenheit aus?

Kapitel 6

Beitrag

Ich habe Jina Sanone kennengelernt, als wir im Weißen Haus unter Präsident Clinton in dem Team gearbeitet haben, das AmeriCorps gegründet hat. Jina beschäftigte sich wie ich mit Politik und hoffte immer, dass ihr »richtiger Job« in der Luftfahrtindustrie liegen würde. Nachdem sie ihren MBA an der University of Michigan erworben hatte, bekam sie ihren Traumjob bei Northwest Airlines, die später mit Delta Airlines fusionierte. In den nächsten siebzehn Jahren hat Jina ihre geliebte Arbeit geleistet und sich durchgesetzt, Preisstrategien optimiert und Allianzpartnerschaften genutzt, um den Umsatz für ein Unternehmen und eine Branche zu steigern, die sie als ihre Berufung empfand. Sie arbeitete mit Menschen, die sie mochte, an Projekten, die sie liebte – einschließlich einer internen Initiative zum Aufbau von Programmen zur Entwicklung der Frauenführung auf allen Ebenen des Unternehmens – und auf eine Weise, die ihre beste Seite zum Vorschein brachte, während sie von den kostenlosen Reisevorteilen des Unternehmens profitierte. Jina liebte ihren Job. Aber dann passierte eine lustige Sache.

Jina fand sich bei der Arbeit auf einem Karriere-Plateau wieder, ihr Interesse an Frauen in Führungspositionen verlangte nach mehr Aufmerksamkeit, und plötzlich juckte es sie, wieder in die Politik zurückzukehren. Sie sah, dass Frauen auf den höchsten Ebenen der Politik nicht so schnell Erfolg hatten, wie sie gehofft hatte, und es wurde ihr bald klar, dass Daten – ihr Zuständigkeitsbereich – schuld daran waren.

In der Vergangenheit wurden Frauen von einer ganzen Reihe gemeinnütziger Organisationen ermutigt, sich um ein Amt zu bewerben. Die Idee ist, dass mehr Frauen gewinnen, wenn mehr Frauen ins Rennen gehen. Aber Jina war anderer Meinung. Sie sah Beweise dafür, dass diese Strategie des »viel hilft viel« nicht funktionierte. Stattdessen führte dies zur Kannibalisierung bereits begrenzter Ressourcen, wobei Frauen für ein Amt kandidierten, unabhängig davon, ob der Sitz überhaupt gewonnen werden könnte. Also verabschiedete sich Jina von Delta und startete eine gemeinnützige Organisation namens »Her Term«, um die bestehenden Daten zu analysieren, um festzustellen, in welchen Distrikten Frauen wahrscheinlich am erfolgreichsten sind. Dann rekrutierte sie Frauen aus diesen bestimmten Distrikten und bildete sie aus, damit sie ins Rennen einsteigen und gewinnen konnten.

Hier könnten die meisten Konsonanzgeschichten glücklich enden. Aber Jina stieß auf ein unerwartetes Problem: Sie hasste das Spendensammeln. Jinas gemeinnützige Organisation war noch nicht groß genug, um sie zu bezahlen, daher fehlte ihr das Element des Beitrags in seiner grundlegendsten Form: Das Einkommensniveau, das für das Leben benötigt wurde, das sie leben wollte. Sie war mit einer existenziellen Krise konfrontiert.

Jina prüfte ihre Optionen und entschied, dass sie zu einer Vollzeitstelle bei Delta zurückkehren und »Her Term« nebenbei unterstützen wollte. Sie war im gesamten Unternehmen hoch angesehen, sodass der Übergang zurück relativ nahtlos verlief. Sie kehrte also zu einer Branche zurück, die sie immer noch liebte, aber zu einer Karriere, die für sie weniger eine Berufung war als zuvor. Jetzt denken Sie vielleicht: *Nun, das klingt schrecklich. Es hört sich so an, als würde Jina es sich bequem machen. So möchte ich keine Konsonanz erreichen.* Aber diese Geschichte soll kein märchenhaftes Hollywood-Ende bieten. Stattdessen macht sie auf einen bestimmten Punkt aufmerksam: Jina hat Konsonanz, weil sie nach der Verschiebung ihrer Berufung im Jahr 2016 die Verbindung (über »Her Term«) sowie den Beitrag (über Delta) angepasst und erreicht hat. Sie genießt Konsonanz in einem übergeordneten Gesamtbild der Arbeit, die für sie persönlich wichtig ist.

Was ist Beitrag?

Die Arbeit, die wir leisten, sollte etwas zu unserem Leben beitragen – aber was? Wenn wir uns zurücklehnen und über das Leben fantasieren, das wir leben wollen, haben wir alle unterschiedliche Definitionen von Erfolg. Einige von uns wollen ihre Studentendarlehen zurückzahlen. Einige von uns wollen ihre berufliche Karriere beschleunigen. Einige von uns möchten, dass unsere Arbeit die Werte widerspiegelt und verbessert, nach denen wir leben möchten. Einige von uns wollen den Zugang und die Macht, die Privilegien ermöglichen. Einige von uns wollen ein Leben in den Diensten anderer führen. Und einige von uns möchten eine Kombination aus all diesen Dingen und mehr realisieren.

Und hier kommt der Beitrag ins Spiel. Während es bei der Verbundenheit darum geht, wie Ihre Arbeit die Berufung erfüllt, der Sie dienen möchten, dreht sich bei Ihrem Beitrag alles um Sie. Bei »Beitrag« geht es darum, wie Ihre Arbeit dazu beiträgt, das Leben aufzubauen, das Sie leben möchten.

Es ist offensichtlich, dass die Frau, deren Job es ihr ermöglicht, ihre Werte bei der Arbeit und zu Hause zu leben, im Einklang mit ihrem Leben steht. Aber wer kann es sich anmaßen zu sagen, dass ihr Weg der einzig wahre ist? Oder betrachten Sie den Mann, der in einem seelenaussaugenden Job arbeitet, weil es sich für seinen geliebten Lamborghini und ein Wochenend-Seehaus auszahlt. Wer kann sagen, dass er weniger Konsonanz hat als der Mann, der einen aufopfernden Job macht, weil er damit Geld für die Heilung von Krebs spenden kann? Unabhängig davon, was Sie von diesen Personen halten: Deren Wahl erlaubt es diesen Menschen, darin grenzenlos und sich bewusst zu sein, wie ihre Arbeit zu dem beiträgt, was ihnen am Herzen liegt. Und ehrlich gesagt, sind sie auch die Einzigen, die darüber bestimmen können.

Ehrfurcht vor einem geflüsterten Traum

Jeden Tag höre ich von aufstrebenden Superstars mit großartigen Zielen. Sie erzählen mir von ihrer Methodik, ihren Erwartungen, ihren

Zehn-Punkte-Aktionsplänen. Aber ich höre immer auf etwas anderes – das Ding, das sie tief im Inneren vergraben haben, das Flüstern des unausgesprochenen Traums, diese Persönlichkeit, die sie sein möchten, wenn das, was sie getan haben, dazu beigetragen hat, die Person zu werden, die sie sich heimlich vorgestellt haben.

Sie wissen, welchen Traum ich meine: Den, den Sie nicht laut aussprechen dürfen. Dies ist der Traum, der so groß, so beängstigend und so kühn ist, dass man sich fast schlecht fühlt, wenn man ihn will.

Aber Sie wollen es. Das tun Sie wirklich, wirklich. Und diesen Traum zu haben – und Ehrfurcht vor diesem Traum zu haben – nun, das ist die Sache, die mir sagt, wer Erfolg haben wird und wer nicht. Weil es diese Ehrfurcht ist, die mir sagt, dass jemand nicht nur seiner Leidenschaft folgt, sondern dass er bereit ist, in diese Leidenschaft zu investieren.

Den Traum besitzen

Wir alle haben Ziele, die wir als unsere eigene Schöpfung betrachten. Aber die Wahrheit ist, die meisten von diesen Zielen wurden Ihnen von jemand anderem vorgegeben. Die Eltern haben Ihnen gesagt, Sie sollen in der Schule gute Noten bekommen. Ihr Chef sagt Ihnen, Sie sollen die große Beförderung wollen. Ihre Freunde und Nachbarn setzen Sie unter Druck, den richtigen Ehepartner zu finden, das richtige Auto zu fahren, in der richtigen Wohnung zu leben und die richtige Kleidung in genau der richtigen Größe zu tragen. Und weiter und weiter und weiter ... Allzu oft geraten wir in den Schwung dieser externen Motivation, indem wir jemand anderem gefallen möchten, den Spuren der anderen folgen und das tun, was erwartet wird. Und wir fragen uns immer wieder warum.

Was wäre, wenn Sie ehrlich zu sich selbst wären – wirklich unerschütterlich ehrlich? Was würden Sie wirklich wollen? Was ist das große, kühne Ziel, für das Sie kämpfen möchten? Wie wird dieser Weg, dieses Ziel, dieser Traum zu dem Leben beitragen, das Sie führen möchten?

Nach meiner Erfahrung sind die erfolgreichsten Profis niemals diejenigen, die einfach die nächste Beförderung zum nächsten großen Job wollen, nur weil dies erwartet wird. Stattdessen sind sie diejenigen, die so hungrig nach ihren eigenen selbstbestimmten Zielen sind, dass sie von Natur aus motiviert sind, diese Ziele zu verfolgen. Die blühendsten und erfülltesten Arbeiter sind diejenigen, die die zusätzliche Arbeit im Dunkeln erledigen, wenn niemand etwas sieht – diejenigen, die bereit sind, tief zu graben und wie ein Löwe zu kämpfen, um ihre visionären Träume zu verwirklichen. Sie tun es für sich selbst, weil sie dieses Ziel so sehr erreichen wollen, dass sie es nicht lassen können. Sie wissen, dass das Aufgehen in diesen Zielen zu dem Leben beiträgt, das sie leben möchten, und sie sind unersättlich hungrig nach dieser Version des Erfolgs.

Und Sie können einfach nicht unersättlich hungrig nach der Erfolgsversion eines anderen sein, nach dem Ziel eines anderen, nach der Sache eines anderen.

Ein Lob dem Ehrgeiz

Ehrgeiz hat in letzter Zeit einen schlechten Ruf bekommen. Es ist ein Schimpfwort geworden – umso mehr, wenn Sie eine Frau sind. (Oh, sie ist so ehrgeizig!) Ein Grund dafür, dass wir das Streben nach unausgesprochenen Träumen unterdrückt haben, ist, dass wir überzeugt wurden, unser Ehrgeiz sei sozial inakzeptabel. Somit wurden wir zu falscher Demut erzogen.

Warum wollen Sie weiterkommen? Was wollen Sie mit der damit verbundenen Macht machen? Was ist für Sie Leistung? Möchten Sie Ihre Familie, Ihre Gemeinde, Ihr Land oder die Welt ändern? Möchten Sie ein großes oder kleines Zeichen auf dieser Erde setzen? Was für ein Leben möchten Sie leben? Wie möchten Sie Ihre Kinder erziehen? Möchtest Sie etwas zurückgeben? Wird Ihnen eine gute Position, ein höheres Gehalt oder eine Führungsposition oder eine Stimme, die gehört werden wird, dabei helfen? Natürlich wird es.

Doch das Schuldgefühl gegenüber Ehrgeiz hält uns zurück und verhindert, dass wir grenzenlos werden. Irgendwo auf dem Weg haben wir dem Wort »Zweck« Heiligkeit zugewiesen, als gäbe es ein Bild von

Mutter Teresa neben dieser Definition im Wörterbuch. Und hier begann der Zug zu entgleisen.

Wenn Sie die Definition des Zwecks nachschlagen – und ich habe es getan – ist das ziemlich harmlos: Zweck ist nur der Grund, aus dem etwas existiert oder warum es getan wird. Das ist alles. Kein Bild eines Heiligen, kein mit den Fingern wedelnder Freund, kein »ts-ts« oder eine Schande, dass man den einen oder anderen Wert höher einschätzt. Nichts – und niemand – sagt, dass ein Job, der Ihnen hilft, Ihre Darlehen schneller zurückzuzahlen, aber die Krankheiten der Welt nicht heilt, nicht gleichermaßen zweckmäßig ist.

Ist Ihnen jemals in den Sinn gekommen, dass Sie es nicht nur sich selbst schulden, sondern allen und allem, auf das Sie Einfluss nehmen möchten, bei der Auswahl und Verfolgung Ihrer Ziele ehrgeizig zu sein? Wenn Sie in dieser erhöhten Position mit diesem höheren Gehalt und der stärkeren Stimme der Führung mehr Einfluss auf die Berufung nehmen können, die Ihnen am Herzen liegt, ist dies mehr als nur Ihr Ehrgeiz. Es liegt in Ihrer Verantwortung.

Wir finden Sinn darin, unsere Ziele zu erreichen, was auch immer sie sein mögen. Aber hier ist der Punkt: Zweck hat kein Urteil. Nur wir Menschen tun es. Wenn niederdrückende Darlehensschulden zwischen Ihnen und der Freiheit der Wahl steht, das Leben zu führen, das Sie sich wünschen, wenn der Kauf dieses Cabriolets Ihnen Freude macht, wenn die Möglichkeit dieser Beförderung Teil Ihres Lebensplans ist, warum dann nicht Ihre Erwartungen dahingehend erhöhen, welchen Beitrag Sie von Ihrer Arbeit erwarten?

Vier Möglichkeiten, einen Beitrag aus Ihrer Arbeit zu ziehen

Stas Gayshan begann seine Karriere in der Politik und beschäftigte sich mit seinen Zielen aus gutem Grund. Er arbeitete unter schrecklichen Bedingungen für die idealistischen Kampagnen von Kandidaten, die seine Leidenschaft nährten und seine Liebe für das kühne, idealistische Ziel schürten. Aber Kampagnenarbeit ist hart und am Ende sind die Ergebnisse binär: Sie gewinnen oder Sie verlieren. Es gibt keinen zweiten Platz. Und wenn Sie verlieren, ist der Schmerz akut, real und unmittelbar. An einem Tage feuern Sie alles in Ihrem Arsenal an Fähigkeiten ab; am nächsten Tag sind Sie arbeitslos. Und wenn Sie einmal verloren haben, fällt es Ihnen schwer, nicht zurückzublicken und sich zu fragen, ob sich irgendetwas davon gelohnt hat.

Stas lebte ein Arbeitsleben, in dem Gewinnen, Glück und Verlieren Elend bedeutete. Er musste einen anderen Weg finden, um die Dinge zu betrachten und festzustellen, ob irgendeine der Arbeiten überhaupt von Bedeutung war. Er musste aufhören, dem Glück nachzujagen – und damit beginnen, der Bedeutung nachzujagen. Stas versuchte, sich auf das Positive zu konzentrieren, das aus diesen Kampagnen hervorging, auch aus den verlorenen. Er erkannte, dass in verschiedenen Fragen und in verschiedenen Bezirken Fortschritte erzielt worden waren. Sicher, jede Kampagne wurde von einem bestimmten Kandidaten verkörpert, aber er oder sie war lediglich das unvollkommene menschliche Vehikel für das Portfolio von Werten, die Stas am Herzen lagen. Manchmal verlor der Kandidat, aber dennoch lebten die Themen weiter und wurden vom nächsten Kandidaten ausgeführt. Auch unter seinen Kollegen gab es bedeutungsvolle Momente: persönliche Erfolge, Ehen und Babys und ewige Freundschaften. Schließlich lernte Stas, das Scheitern nicht als Finale zu sehen, sondern als einen Wegepunkt auf seiner Straße zum Erfolg. Schritt für Schritt konnte er neben den Menschen, die ihn inspirierten, weiter für die Dinge kämpfen, die ihm wichtig waren. Er schärfte seine Aufmerksamkeit so, dass er den Beitrag, den jeder Job zum Leben brachte, das er leben wollte, besser verstehen konnte. Dabei erkannte Stas, dass er diese Berufung mehr verkörpern und diesen Beitrag besser spüren konnte, wenn er skalierbare Lösungen sowohl für die Kandidaten als auch für den Zweck als solchen selbst herausfand. Jede Kampagne hatte das gleiche Handicap: Beim Aufbau der Backoffice-Services schien niemand über das erforderliche Fachwissen zu verfügen. Jeder neue Kampagnenmitarbeiter erfand das Rad neu. So startete Stas »Space with a Soul«, das sowohl Kampagnen als auch gemeinnützigen Organisationen Büros, Konferenzräume, Veranstaltungsräume und Backoffice-Services anbot.

Dann klopfte Tim Rowe, Gründer und CEO des Innovations- und Coworking-Hubs Cambridge Innovation Center (CIC), an der Tür mit einem verrückten, inspirierenden und kühnen Ziel: CIC weltweit zu skalieren und Raum für gemeinnützige Organisationen und profitorientierte Organisationen zu schaffen, um zu wachsen. Stas unterschrieb eifrig. Jetzt dient Stas nicht mehr Kandidaten oder gemeinnützigen Organisationen durch Vollzeitkampagnenarbeit – obwohl er sich immer noch freiwillig engagiert. Stattdessen antwortet er auf seine Berufung, die Welt zu einem besseren Ort zu machen, und genießt gleichzeitig eine umfassendere Essenz des Beitrags, den er in der Politik suchte.

Warum verstehen wir »Beitrag« falsch? Warum vermeiden wir es, nach dem zu streben, was wir wollen? Und selbst wenn wir nach dem streben, was wir zu wollen glauben, warum fühlen wir uns immer noch nicht konsonant? Zu lange wurde uns gesagt, dass »gute« Arbeit eine Tätigkeit für das Allgemeinwohl sein muss – und wir fühlten uns schuldig, etwas zu wollen, das nicht in diese Rubrik passt. Lassen Sie uns die Erwartungen hier und jetzt zurücksetzen. Ihr Beitrag ist, wie Ihre Arbeit das Leben schafft, das Sie leben möchten, den Lebensstil, den Sie haben möchten, und die Werte, die Sie wahren möchten – nicht die Ziele, die andere für Sie festgelegt haben. Aber um das Gefühl zu haben, dass der Beitrag der Gleichung tatsächlich zu dem Leben beiträgt, das Sie wollen, müssen Sie anfangen, genau zu wissen, wie dieses Leben aussehen soll.

Finden Sie Ihre Zugehörigkeit

Entsprechen Ihre Beitragsziele denen Ihrer Mitarbeiter? Können Sie diese Ziele mit den Menschen, mit denen Sie den größten Teil Ihrer Wachstunden an Wochentagen verbringen, diskutieren und teilen und Hilfe zur Erreichung dieser Ziele anfordern? Und, was vielleicht am wichtigsten ist: Können Sie während der Arbeitszeit genauso authentisch sein wie zu Hause? Wenn Ihr vierzig Stunden Job nur dazu da ist, Ihren Lebensunterhalt zu finanzieren, während sie in Ihrer Freizeit Ihrer wahren

Berufung und Ihrem wahren Interesse folgen, werden Sie sich nur dann konsonant fühlen, wenn diese nebenberufliche Aktivität nicht im Widerspruch zu den Zielen Ihrer Kollegen auf der Arbeit oder denen des Unternehmens, für das Sie arbeiten, steht. Krebsforscher werden wahrscheinlich keine willigen Gesprächspartner finden, wenn sie über ihren Zigarrenclub bei der Arbeit sprechen. Zahnarzthelfer werden schief angesehen, wenn sie Kollegen bitten, die Ergebnisse ihres Hobbies, nämlich die Herstellung von Süßigkeiten am Wochenende, zu testen. Der Beitrag führt nur dann zur vollen Übereinstimmung, wenn Ihre Ziele mit den Zielen derer in Ihrem engeren Umfeld übereinstimmen.

Konzentrieren Sie sich auf Ihren Beruf

Wenn Sie feststellen, dass Ihre Berufung (das, was Sie gerne tun, auch wenn dieser Wunsch nicht Teil Ihres derzeitigen Berufes ist oder damit zusammenhängt) mehr zum Leben beiträgt, das Sie leben möchten, als der Job, den Sie momentan haben, ist es Zeit, Ihren Fokus zu verlagern. Sie haben das Sprichwort gehört: *Finden Sie heraus, was Sie lieben, und finden Sie dann heraus, wie Sie dafür bezahlt werden können.*

Was ist der wahre Beruf, der für Sie funktioniert? Ermöglicht dieser es Ihnen, in größerer Übereinstimmung mit Ihren Werten zu leben? Befeuert Ihr Beruf das Unternehmen, das Sie führen, die Freunde, die Sie finden, die Führungskräfte, die Sie inspirieren? Hilft es Ihnen, Fähigkeiten oder Methoden zu erwerben, die Ihre Herangehensweise an andere Teile Ihres Lebens verbessern?

Natürlich ist es manchmal schwierig, Ihren Beruf vollständig durch Ihre Berufung zu ersetzen, insbesondere wenn es sich bei diesem Hobby beispielsweise um Vogelbeobachtung oder Briefmarkensammeln handelt. Wenn diese Art von Betätigung nicht für einen bezahlten Job geeignet ist, verbringen Sie einige Zeit damit, herauszufinden, warum Sie lieben, was Sie lieben! Vielleicht bietet Ihr Wunschberuf zum Beispiel kreative Freiheit, freudige Teamarbeit oder intellektuelle Neugier. Finden Sie dann heraus, wie Sie diese Komponenten in Ihre bezahlte Arbeit integrieren können.

Kennen Sie Ihren Wert

Wenn Sie ehrlich zu sich selbst sind und erkennen, dass der derzeitige Beitrag für Sie durch monetäre Belohnungen erzielt werden muss, besteht der offensichtliche Schritt darin, über mehr Einkommen zu verhandeln. Aber wie machen Sie das, ohne nur zu fragen? Und wie können Sie um eine Gehaltserhöhung bitten, wenn Sie sich schüchtern, schuldig oder besorgt fühlen?

Bestimmen Sie zunächst durch einen Marktvergleich den fairen Marktwert für jemandem mit Ihrer Erfahrung, der Ihre Arbeit in einer ähnlichen Branche und an einem ähnlichen geografischen Standort erledigt. Dies gibt Ihnen einen Eindruck von einem realistischen Angebotspreis. Dann müssen Sie Ihren Preis (und Ihr Gepäck) zurücklassen und stattdessen über Ihren Wert nachdenken. Sie haben ein Gehalt und denken, dass dies Ihr Wert ist, aber tatsächlich ist es etwas wirklich anderes: Ihr Preis. Was ist der Unterschied zwischen den beiden? Zu Beginn meiner Karriere als Redner wurde mir eine lächerlich kleine Geldsumme für einen vierzigminütigen Hauptvortrag angeboten.

»Ich fühle mich wie der Zauberer von Oz«, gestand ich meinem Mann und betrachtete mich nicht als den mächtig coolen Typen, den die Zuschauer auf der Bühne sehen wollten, sondern als die kleine Dame hinter dem Vorhang.

»Es fühlt sich einfach so falsch an, für vierzig Minuten Arbeit echtes Geld zu bekommen.«

Er drehte sich zu mir und sagte mit einem Gesicht, das nur als »geheimnisvoll« beschrieben werden kann: »Nein, du wirst für fünfundzwanzig Jahre und vierzig Minuten Arbeit bezahlt.«

Mit anderen Worten, mein Preis ist meine Sprechgebühr, die Kosten, um mich vor einer Konferenz voller Menschen auf die Bühne zu bringen. Mein Wert ist andererseits die Summe aller Arbeiten, die ich auf dieser Bühne geleistet habe – und all die Weisheit, Präsenz und Ausstrahlung, die ich dazu bringe.

Wenn Sie sich an einem späteren Zeitpunkt Ihrer Karriere befinden, ist Ihr Wert die zusammengesetzte Weisheit jahrzehntelanger Erfahrung von Erfolgen und, ja, auch von Misserfolgen.

Wenn Sie gerade erst anfangen, kann Ihr Wert die Zeit sein, die Sie in einer Test- und Fehlerperiode der Iteration verbringen können, oder das starke Netzwerk von Freunden, Mentoren und Champions, die Sie um sich versammeln – und von dem Sie in halsbrecherischer Geschwindigkeit lernen können.

Zu jedem Zeitpunkt Ihrer persönlichen und beruflichen Entwicklung ist es nie nur der momentane Sprint des Genies, der Sie zu einem wertvollen Arbeiter macht, sondern die viele harte Arbeit, die davor stand.

Was Sie bereit sind zu akzeptieren, ist Ihr Preis. Was Sie hierher gebracht hat, ist Ihr Wert. Verhandeln Sie Ihren Preis immer basierend auf Ihrem Wert.

Dankbarkeit üben

Vor Jahren arbeitete ich für Larry Fish, damals CEO der größten Bank in Neuengland. Um mich auf unser erstes Treffen vorzubereiten, sah ich mir einen Vortrag an, den er in einer MBA-Klasse an der MIT Sloan School of Management hielt und in dem er erwähnte, dass er jeden Montag mit einem Dankesbrief an einen seiner Mitarbeiter begann.

Bei unserem ersten Treffen brachte ich dies zur Sprache und fragte Larry, wie er jede Woche etwas zum Schreiben gefunden habe.

Larry sah mir tief in die Augen und sagte: »Ich habe tausende Angestellte. Wenn ich nicht mindestens einmal pro Woche jemanden finde, dem ich meinen Dank aussprechen kann, bin ich unachtsam.«

Wenn Sie andere sehen, die Ihre gemeinsamen Werte durch ihre Arbeit leben, nehmen Sie sich einen Moment Zeit, um dies zu erkennen und zu loben, wie sie dies tun. Das aktive Üben von Dankbarkeit zementiert für Sie genau das, was sie tun – und warum es für Sie wichtig ist. Wenn Sie offen dankbar sind, können Sie gezielter steigern, wie Ihre täglichen Handlungen bei der Arbeit zu den Werten beitragen, nach denen Sie leben möchten.

Ebenso können Sie dasselbe für Ihre eigenen Aktionen tun. So oft versuchen wir, an dem zu arbeiten, was kaputt ist, aber indem wir uns auch auf das konzentrieren, was gut läuft, können wir den Beitrag erhöhen, indem wir auch unsere eigenen Handlungen absichtlich sichtbar machen. Auf diese Weise können Sie nicht nur auf die Teile Ihrer Arbeit achten, die Sie erweitern möchten. Es wird Sie zwingen, sich auf das zu konzentrieren, was Sie tatsächlich für einen Mehrwert halten.

Fragen, die Sie bei der Suche nach dem Beitrag unterstützen

Einige werden den Beitrag als einen flexiblen Zeitplan interpretieren, der es neuen Eltern ermöglicht, Zeit mit ihren Kindern zu verbringen. Einige werden es als Arbeit in einem Job interpretieren, der ihnen das höchstmögliche Gehalt bietet, sodass sie aktive Philanthropen oder fanatische, sorglose Konsumenten (oder beides!) sein können. Und einige hoffen, dass ihre Arbeit dazu beiträgt, sie in die Gesellschaft von Menschen zu bringen, die sie dazu inspirieren, ein besserer Freund, Elternteil oder Ehepartner zu sein. Hier ist der Kicker: Alles eben Genannte ist richtig. Beitrag bedeutet lediglich, dass Sie verstehen, wie die Arbeit funktioniert. Das, was Sie tun, ermöglicht und befähigt Sie, grenzenlos zu werden, indem Sie sich so positionieren, dass Sie immer mehr zu der Person werden, die Sie sein möchten. Berücksichtigen Sie bei der Suche nach der Art und Weise, wie Ihre Arbeit zu Ihrem Leben beitragen soll, die folgenden Fragen:

❖ Bietet Ihnen Ihr Job den gewünschten Lebensstil?

❖ Wie soll Ihre Arbeit zu dem Leben beitragen, das Sie leben möchten?

❖ Verleiht Ihre Arbeit Ihren spirituellen Bedürfnissen oder Gemeinschaftswerten eine tiefere Bedeutung?

❖ Stimmen die Werte Ihres Arbeitslebens mit den Werten Ihres Privatlebens überein?

- Würden Sie zufrieden sein, weniger Geld zu verdienen, wenn sich Ihre Arbeit besser auf Ihre Werte abstimmen würde?

- Inwiefern benötigen Sie mehr Freiheit oder Flexibilität in Ihrer Arbeitsumgebung?

- Welche immateriellen Belohnungen möchten Sie im Austausch für oder zusätzlich zu den aktuellen monetären Belohnungen Ihrer Karriere?

Kapitel 7

Kontrolle

Leslie Ehm war Musikerin, Fernsehmoderatorin und Drehbuchredakteurin und verbrachte die Tage ihrer frühen Karriere in äußerst kollaborativen und kreativen Teams. Es erhellte sie; es trieb ihre Seele an. Dann wechselte sie in die Werbung, angelockt von dem Versprechen von noch mehr gemeinschaftlicher Kreativität – und wurde schnell frustriert.

Ihre Kollegen versprachen das ganz große Spiel, aber sie sah keine Beweise dafür in Aktion. Sie beschloss, anstatt in einem kreativen Unternehmen zu arbeiten, den Menschen beizubringen, wie man gemeinsam kreativ ist.

Leslie musste herausfinden, wie sie ihre Berufung auf eine Weise ausführen konnte, die mit ihrer Persönlichkeit übereinstimmte: eine eigenwillige und untrainierbare Person mit wenig Hintergrundwissen in der Psychologie des Trainings. Anstatt zu versuchen, es so zu machen, wie andere es getan hatten, beschloss sie, einen Schulungskurs zu erstellen, der für sie funktioniert hätte: Indem sie den Lernprozess in kleinste Schritte zerlegte und so aufbereitete, dass er greifbar wurde. Und es hat funktioniert.

Sie war über ihre wildesten Träume hinaus erfolgreich, bis sie sich in einem Dilemma befand: Sollte sie einfach mit dem weitermachen, was sie tat und was sie in den letzten fünf Jahren glücklich und erfolgreich getan hatte, oder sollte sie expandieren und auf die überwältigende

Nachfrage reagieren, die der Markt verlangte? Nicht zu wachsen war für Leslie, eine Frau, die ständig auf der Suche nach dem Größer, Besser, Schneller und Mehr war, keine praktikable Option. Mit dem Status quo zufrieden zu sein, hätte ihr nicht gepasst. Aber sie konnte sich nicht vorstellen, dass jemand anderes tat, was sie tat, so wie sie es tat. Sie befürchtete einerseits, dass ihr geistiges Eigentum verloren gehen könnte und andererseits, dass sie in eine Ecke gedrängt werden könnte, die nicht zu ihr passte. Sie wollte nicht »The Leslie Show« sein. Also nahm sie Tür 2, stellte langsam Mitarbeiter ein und schulte sie noch langsamer. Was als nächstes geschah, überraschte Leslie. Sie bemerkte, dass sie gerne andere trainierte, und sich daran freute zu sehen, wie die Klienten strahlten, wenn sie ganz in Ruhe unterrichtete. Sie wusste aber auch, dass sie neue Herausforderungen brauchte, um mit ihrer Arbeit in Verbindung zu bleiben. Und so führte die Kombination zu ihrer volleren Berufung: Nicht nur kollaborative Kreativität zu lehren, sondern Menschen einzustellen und ihnen eine Gelegenheit zu geben, ihre eigene Größe zu finden. Sie lernte, dass sie, um sich grenzenlos zu fühlen, in der Lage sein musste zu kontrollieren, wen sie anstellte, wie sie sie schulte und wie sie zu außergewöhnlichen Gefährtinnen wurden, die ihren Kunden Wissen vermittelten. Als sie diese Kontrolle hatte, konnte sie ihre wahrste Berufung erfüllen: die Größe in anderen hervorzuheben.

Warum brauchen wir Kontrolle?

»Ich möchte diese schreckliche Achterbahn unbekannter Länge im Dunkeln eine ungewisse Anzahl von Malen fahren, ohne die Garantie zu haben, dass mein Sicherheitsgurt voll funktionsfähig ist oder dass die Strecke in den letzten zehn Jahren regelmäßig überprüft wurde«, sagt sicher niemand.

Ich schäme mich nicht zu sagen, dass ich Achterbahnen überhaupt nicht mag, auch wenn ich sicher bin, dass der Sicherheitsgurt funktioniert und das Inspektionszertifikat auf dem neuesten Stand ist. Ich bin ein Kontrollfreak der höchsten Größenordnung. Aber selbst diejenigen, die in ihrem Privatleben gerne Nervenkitzel suchen, müssen wahrscheinlich das Gefühl haben, ein gewisses Maß an Kontrolle über ihre Arbeit zu haben.

Autonomie ist wichtig. Tatsächlich ist sie so wichtig, dass der Grad, in dem Sie die Kontrolle haben – über Ihre Arbeit, das Team, mit dem Sie sie ausführen, und die Projekte, an denen Sie beteiligt sind – einen direkten Einfluss auf Ihre Arbeitsleistung hat. Und heutzutage erwarten die Arbeitnehmer tendenziell mehr Autonomie und Kontrolle über ihre Arbeit. Insbesondere die Technologie hat uns neue Möglichkeiten eröffnet, alle Arten von Arbeiten von überall aus zu erledigen – von unseren Büros, unseren Autos oder der anderen Seite der Welt.

Vertrauen in unsere Selbstbestimmung bei der Arbeit ermöglicht es uns, unsere Welt zu kontrollieren, uns geschützt und sicher zu fühlen und zu wissen, dass wir Optionen haben. Kontrolle ist wichtig, dass haben verschiedene Studien gezeigt. Arbeitnehmer nehmen eher einen Job an, der ihnen mehr Kontrolle gibt, als einen Job, der ihnen mehr Macht gibt.[14]

Warum fühlen wir uns immer noch durch unsere mangelnde Kontrolle eingeschränkt? Warum haben wir Probleme, das, was wir tun, mit dem zu verbinden, was wir sind? Was hält uns davon ab, den Beitrag der Arbeit zu unserem Leben zu beeinflussen? Es beginnt, wenn wir eine frühe und möglicherweise unvollständige Definition akzeptieren, wer wir sein sollten.

Kurzfristige Selbstfindung

Auch wenn Sie proaktiv sind, indem Sie dieses Buch als Teil Ihres Prozesses der Grenzenlosigkeit lesen, sollten Sie wissen, dass Sie sich, wie

[14] Laut einer 2013 veröffentlichten Studie zur Autonomie und ihrem Verhältnis zu den Arbeitsergebnissen. Wie in Belle Beth Cooper zitiert: »Der Schlüssel zum Glück bei der Arbeit ist nicht Geld - es ist Autonomie.« *Quartz*, 4. Mai 2016, https://tinyurl.com/ya5zf9u4.

wir alle, tatsächlich schon lange auf Ihre eigene Art und Weise in die Quere gekommen sind. Sie haben sich begrenzt.

Dies war sicherlich nicht beabsichtigt. Es ist nicht so, dass wir nicht wissen, welchen Weg wir als nächstes gehen sollen. Wir versuchen, einen Pfad vorwärts zu gehen, der auf den Koordinaten basiert, die markieren, wo wir bereits waren. Und bis jetzt war unser Ziel weit entfernt.

Wir geben dem Selbstfindungsprozess noch eine Galgenfrist. Es sollte nicht überraschen, dass die meisten von uns Schwierigkeiten haben, in Richtung Konsonanz zu navigieren. Unsere Reise zur Selbstfindung wurde schon vor langer Zeit in Beschlag genommen.

Ihre Lehrer lagen wahrscheinlich falsch

In der Sekundarstufe wurde Ihnen beigebracht, den goldenen Sternen zu folgen, gute Noten zu bekommen und auf ganzer Linie zu glänzen oder aber sich anzupassen. Sie hatten kein Mitspracherecht, welche Fähigkeiten belohnt wurden; oft war das, wofür man belohnt wurde, anders als das, was man liebte.

Und natürlich musste man in jedem Fach gut sein. Rechte oder linke Gehirnhälfte, völlig egal! Sie wurden nur als so schlau und wertvoll angesehen, wie der Durchschnitt Ihrer Noten vorgab. Es war egal, ob Sie Zahlen liebten oder ob Sie von Worten angeregt wurden. Spezialisierungen waren bis zur neunten oder zehnten Klasse irrelevant.

Dann, plötzlich, mit siebzehn oder achtzehn Jahren, wurde Ihnen gesagt, Sie sollten eine Uni wählen, eine Laufbahn wählen, einen Beruf wählen, einen Lebensweg planen. Und wissen Sie, was daran verrückt ist? Mit achtzehn Jahren war Ihr Frontallappen – genau der Teil Ihres Gehirns, der eine gute Entscheidungsfindung bestimmt – noch nicht vollständig ausgebildet.

Anstatt einen Weg zu wählen, der auf dem basiert, was uns besonders macht – was wir mögen, was wir gut machen und wo wir glänzen –, sind die meisten von uns gezwungen, ihren Weg zu frühzeitig zu wählen, basierend auf den Werten anderer und auf Interessen, die nicht die unseren sind.

Unsere Lehrer haben uns Karrieremöglichkeiten auf der Grundlage von nicht viel mehr als anekdotischen Informationen, die zu einem bestimmten Zeitpunkt gesammelt wurden, vorgesetzt. Sie besaßen keine Kristallkugel, und dennoch verinnerlichten wir ihre Vorstellungen, weil wir noch keine eigenen besaßen.

Wenn Sie immer noch mit willkürlich übergebenen Karriereannahmen arbeiten, ist wahrscheinlich jetzt die Zeit gekommen, das Steuer in die eigene Hand zu nehmen, die Kontrolle über das Schiff zu übernehmen und Ihren eigenen Kurs zu bestimmen.

»Fake it 'till ya make it« laugt aus

Der amerikanische Ausspruch »Fake it 'till ya make it« postuliert, dass, wenn wir vorgeben etwas zu sein, wir es irgendwann auch werden. Ich denke, das ist Quatsch. Wenn wir so tun, als ob wir etwas wären, oder unsere Statistiken fälschen in der Annahme, keiner würde es merken, werden wir die Quittung früher oder später dafür bekommen. Nun, ich denke, nur ein Haufen Trottel glaubt, das sei gut. Haben Sie jemals bemerkt, dass diese sogenannte Weisheit eher von jenen angeboten wird, deren bester Rat darin besteht, sich nur härter ins Zeug zu legen? »Faking it« (also vorgeben, etwas zu sein) ist aus zwei Gründen nicht der richtige Weg zur Selbstfindung.

Erstens, woher wissen Sie überhaupt, was Sie vorgeben wollen zu sein, wenn Sie keine Ahnung haben, was mit Ihrer Person und Ihrer Definition von Berufung übereinstimmen würde? Ohne eine klare Richtung – ohne einen standhaften kleinen Leuchtturm, dessen Licht den Pfad erleuchtet und der Sie führt – ist es nahezu unmöglich, Ihre Handlungen so abzustimmen, dass sie diesem Zweck entsprechen. Dies gilt insbesondere dann, wenn Sie sich immer noch an einem Berufsweg orientieren, den Ihr Algebra-Lehrer einst für Sie für geeignet gehalten hat.

Zweitens, während Sie so beschäftigt sind, etwas vorzutäuschen, haben Sie keine Chance dazu, ehrlich und wahrhaftig zu sein und sich selber tatsächlich zu finden und zu stärken. Lassen Sie Ihre Wachsamkeit los und erlauben Sie sich, sich selbst auszutesten – und zu scheitern.

Ohne die durch einen Fehler gebotene Gelegenheit haben Sie keine Möglichkeit, sich zurückzusetzen, neu zu kalibrieren und neu zu starten. Wenn Sie so tun, als wären Sie bereits auf dem richtigen Weg, wie werden Sie Ihre Fähigkeiten erweitern oder Ihre Möglichkeiten ausloten?

Ich war zweiundzwanzig Jahre alt, als ich ins Weiße Haus ging. Ich erinnere mich, wie ich mich umschaute und sah, wie die anderen adretten jungen Dinger voll guter Absichten, mit Eselsohren versehene Zeitungen in ihren Aktentaschen, im Büro herumschwirrten und ihre brillanten Ideen pünktlich zu Besprechungen grimmig auf Notizblöcke schrieben. Also habe ich das Gleiche getan. Ich las die Zeitungen von vorne nach hinten und versuchte, alles in mich aufzunehmen. Ich saß am Tisch und schrieb Notizen über Dinge auf, die größtenteils irrelevant waren.

Und die ganze Zeit über verpasste ich die Gespräche um mich herum, die Beziehungen, die ich hätte aufbauen sollen, die Informationen, die ich hätte einbinden können. Ich habe mich so sehr bemüht, klug auszusehen, dass ich eigentlich nicht schlau war.

Jahre später saß ich in meiner eigenen Firma bei Kundengesprächen und beobachtete meine Mitarbeiter, die versuchten, sich so wie ich zu verhalten, wie ich zu reden, sich so wie ich zu bewegen. Bei ihnen hat es ebenfalls nicht funktioniert. Sie waren nicht ich und würden niemals gut darin sein, ich zu sein. Das hat sie natürlich nicht zum Scheitern gebracht. Es brachte ihnen nur Misserfolge bei der Kunst der Nachahmung.

Als sie aufhörten, sich wie ich zu benehmen, und anfingen, sich wie sie selbst zu benehmen, lernten sie, ihre eigene Ausdrucksform zu finden. Ab diesem Zeitpunkt begannen sie aufzusteigen.

Wenn wir uns Führungsmodelle aufbauen, die auf der Grundlage von »Fake it 'till ya make it« basieren, setzen wir unserem Wachstum Grenzen. Das Emulieren anderer erstickt nur Ihren eigenen Mut. Sie können nicht lernen, selbstbewusst zu sein, wenn sich Ihr Erfolg nicht wie Ihr Erfolg anfühlt, sondern wie eine Nachahmung anderer.

Es gibt keine Abkürzung, um Ihre eigene Stimme zu entdecken und zu beherrschen, Ihre eigene Konsonanz zu erforschen und das Leben zu finden, das Sie für bedeutsam halten.

Qualität definieren

Als CEO meiner eigenen Personalberatung fragten sich die Mitarbeiter von Zeit zu Zeit, warum ich mit ihrer Arbeit unzufrieden war, auch wenn der Kunde zufrieden zu sein schien. »Der Kunde hat es gemocht. Was ist das Problem?«, war ihre Frage.

Das Problem war, dass unsere Kunden keine gute Arbeit von den Firmen gesehen hatten, die sie in der Vergangenheit beauftragt hatten. Sollten wir uns auf unseren Lorbeeren ausgeruht haben, nur weil unsere Arbeit um fünf Prozent besser war?

Nun, das passte nicht zu meiner Berufung und blieb mit Sicherheit hinter meiner Vorstellung von einem Beitrag zurück. Ich wollte eine bessere Firma aufbauen, und ich wollte meine Werte leben, extrem hochwertige Arbeit zu leisten. Unsere Kunden konnten sich nicht entscheiden, dass die Arbeit »gut genug« war, da sie keinen historischen Bezugspunkt hatten, um zu messen, was gut genug war.

In unserer Firma waren die Messungen der Spitzenleistung klar formuliert. Es war meine Firma und ich musste die Regeln festlegen. Als CEO hatte ich die Kontrolle. Aber in Ihrem Leben sind Sie der CEO von etwas: Ihnen. Wissen Sie, was Ihre Erfolgsmaßstäbe sind? Und erlaubt Ihnen Ihre Arbeit, die Kontrolle über sie zu haben?

Vier Möglichkeiten, Ihre Arbeit unter Kontrolle zu bringen

Tara Diab begann mit zwölf Jahren auf Baustellen zu arbeiten, Nägel aufzuheben, Müll aufzuräumen und alles zu holen, was jemand wollte. Manchmal zeigten die Bauarbeiter, die dort arbeiteten, ihr, was sie taten. Sie liebte alles daran. Es war ihre Berufung.

Als junge Zimmerin arbeitete Tara für ihren Schwager, als er begann, sein Geschäft mit gewerblichen Bodenbelägen auszubauen. Eines der Dinge, die er ihr beigebracht hat, war dies:

Wenn man am Ende des Tages zurückblickte und sagte: »Das ist gut genug« – nun, dann wäre es besser, sich die Zeit zu nehmen, in die Vergangenheit zurückzukehren und es noch einmal zu tun – dann aber mit ein wenig mehr Stolz über das Geleistete. Dieser Arbeitsmoral blieb Tara treu.

Das einzige Problem war, dass die Ethik ihres Schwagers nicht immer von seinen Arbeitern geteilt wurde, als das Geschäft ihres Schwagers zu wachsen begann. Das Unternehmen schwankte nie in seinem Engagement für Spitzenleistungen, aber das Überwachen von Mitarbeitern, die eine »lieber Gehaltsscheck als Perfektion« Arbeitseinstellung hatten, war nicht das, womit Tara ihre Zeit verbringen wollte.

Es war nicht so, dass die Mitarbeiter es falsch machten. Es war so, dass sie sich nicht die zusätzliche Zeit genommen haben, um es genau richtig zu machen. Tara hatte das Gefühl, dass sie nicht genug Kontrolle über die Qualität der Arbeitsleistung hatte, und ein Geschäftsmodell, das sie zwang, Kompromisse zwischen Zeit und Talent einzugehen, ließ sie sich weniger mit ihrer Arbeit verbunden fühlen.

Sie war sich nicht sicher, wie sie vorankommen sollte. Die Arbeit trug nicht zu der Art von Person bei, die sie sein wollte, und zu der Art von Leben, die sie leben wollte. Und dann wurde die Entscheidung für sie getroffen, als die Wirtschaft einbrach und das Geschäft litt, was Tara zwang, herauszufinden, was als nächstes zu tun war. Sie nahm hier und da Gelegenheitsjobs an – alles, was irgendwie bezahlt wurde, ob es sich um das Aufhängen von Bildern oder das Nacharbeiten von Schränken handelte.

Sie lebte so fünf Jahre lang, Monat für Monat, ohne sicher zu sein, ob sie über die Runden kommen würde oder nicht. In der Zwischenzeit arbeitete sie an ihrem eigenen Möbeldesign. Schließlich wurden diese Gelegenheitsjobs zu regulären Jobs, und die regulären Jobs wurden zu größeren Jobs, bis sie sich endlich sicher fühlen konnte, dass das eigene Geschäft »Diab Custom Design« etwas werden könnte.

Jetzt hat Tara das Sagen und entscheidet sich zu jener Integrität und Qualität, die Auftragnehmern, deren Geschäft zu groß wurde, fehlte. Sie bringt diese Integrität in alles ein, was sie tut, von den Beziehungen zu Kunden bis zu den Auszubildenden, die sie anstellt und ausbildet – fragen Sie einfach meinen jugendlichen Sohn, der für sie im Sommer gebaut hat. Tara hat ihre Berufung fest im Sinn; ist verbunden mit der Art und Weise, wie die Arbeit ihr Geschäft aufbaut; sieht, wie das Einkommen und die Integrität zu dem Leben beitragen, das sie leben möchte; und kann genau steuern, wie die Arbeit erledigt wird.

Ihre »Tanzkarte« ist immer zwölf Monate im Voraus ausgebucht und sie arbeitet die ganze Zeit, aber sie sagt, dass es sich nie nach Arbeit anfühlt.

Wie können Sie also mehr Kontrolle erlangen?

Sehen Sie Fehler als Wendepunkt, nicht als Ende

Die Angst vor dem Scheitern schränkt unsere Fähigkeit ein, uns selbst in Ordnung zu bringen, zu bestimmen, wer wir sind, wenn wir in Bestform sind – das Muster als Führungskraft zu bestimmen, wenn wir das beste Selbst sind. Wenn wir versuchen, Fehler zu verhindern, indem wir so tun, als ob wir wüssten, was wir tun, werden wir dieses falsche Verhaltensmuster vertiefen, anstatt so zu handeln, wie wir wissen, was wir zu tun haben. So werden wir nicht lernen, wie es geht. Wir werden auch nicht erfahren, warum und wie es funktioniert – oder ob wir diese Arbeit tatsächlich persönlich sinnvoll finden oder nicht. In etwas gut zu sein und das Ding zielgerichtet zu finden, ist nicht dasselbe.

Das Gleichsetzen der beiden setzt das gleiche leere Streben nach goldenen Sternen für etwas fort, das Ihnen nichts bringt. Geben Sie sich stattdessen die Erlaubnis, zu scheitern. Versuchen Sie, das Scheitern nicht mehr als Finale per Definition zu betrachten. Beginnen Sie stattdessen damit, das Scheitern als Dreh- und Angelpunkt zu betrachten – einem Wendepunkt, von dem aus Sie grenzenlos werden können. Sie könnten denken, dass Sie niemals scheitern werden, wenn Sie es weiter vortäuschen. Dieses Set-up zwingt Sie jedoch dazu, mit den Stimmen anderer zu sprechen und mit den Manierismen anderer zu handeln. Sie versuchen, alles zu kontrollieren, und werden am Ende nichts kontrollieren. Anstatt sich fester an den Zügeln zu halten, müssen Sie Platz zum Ausprobieren neuer Dinge, zum Scheitern und zum Feedback lassen.

Dieser Ansatz bietet einen besseren Einblick in die Bereiche, in denen Sie sich einig sind, sodass Sie sich auf das konzentrieren können, was wirklich wichtig ist, und sich über diese Dinge informieren können.

Nehmen Sie als Beispiel Serena Williams. Serena ist eine der kämpferischsten Konkurrenten, die jemals auf dem Tennisplatz (oder auf einer anderen Sportbühne) gespielt hat, und dennoch verbringt sie in der Praxis nicht ihre ganze Zeit damit, an dem zu arbeiten, was perfekt ist. Sie tut natürlich etwas davon, um das Muster einzuprägen. Aber mehr Zeit verbringt sie damit, sich unwohl zu fühlen – zu reparieren, was nicht funktioniert, tief in die Schmerzhöhle zu gehen und sich ihren Fehlern zu stellen – und stellt damit sicher, dass sie immer stärker werden kann. Jeder von uns kann das Gleiche tun und auf der Reise seine eigene Konsonanz finden.

Finden Sie Ihren grundlegenden Führungszustand

Denken Sie an eine Zeit, in der Sie in Bestform waren – nicht nur gut, sondern wirklich brillant waren, als Sie aus vollen Rohren schossen, Action inspirierten, den Deal abschlossen, mit Geld nur um sich warfen. Oder es könnte eine Zeit sein, in der Sie einfach in einem ruhigen Moment für einen Freund da waren, Ihren zukünftigen Ehepartner verzauberten oder während eines unerwarteten medizinischen Eingriffs mit einem alternden und ängstlichen Elternteil zusammen saßen. Dies beschreibt Professor Robert E. Quinn in einem einflussreichen Artikel der Harvard Business School aus dem Jahr 2005 als Ihren »grundlegenden Führungszustand«.[15] Dieser Moment des perfekten Flusses muss nicht am Arbeitsplatz sein. Aber es muss eine Zeit sein, in der Sie unbesiegbar waren, ein Moment, in dem alles, was Sie gut machten, in Anspruch genommen wurde, als Sie vollständig anwesend waren und dem vorliegenden Bedürfnis dienten. Sie waren grenzenlos. Wenn Sie über einen solchen Moment in Ihrem Leben nachdenken, erinnern Sie sich an die

---

[15] Robert E. Quinn, »Momente der Größe: Eintritt in den Grundzustand der Führung«, *Harvard Business Review*, Juli - August 2005.

Eigenschaften, die Sie gezeigt haben, den Geräuschpegel, das Publikum, das Sie angesprochen haben, die Fähigkeiten, die Sie eingesetzt haben. Machen Sie eine Liste dieser Beweise Ihrer Führung und kleben Sie sie auf Ihren Computer oder machen Sie sie zum Sperrbildschirm Ihres Telefons oder legen Sie sie auf das Armaturenbrett in Ihrem Auto. Lesen Sie diese Liste immer wieder. Die ständige Erinnerung wird diese zufälligen Manifestationen Ihrer Brillanz in Muskelgedächtnis verwandeln und Sie werden feststellen, dass Sie die beste und höchste Version ihre Selbst leben.

Richten Sie eine Rückkopplungsschleife ein

Viele von uns fühlen sich aufgrund zweier konkurrierender Kräfte unkontrolliert: Manager fürchten sich oft davor, uns Feedback zu geben, und in Ermangelung besserer Informationen erschaffen wir Monster. Wir halten uns bei der Arbeit an falsche Prioritäten. Wir wissen nicht, wo wir uns verbessern können. Wir folgen Anweisungen. Wir könnten besser sein – wir könnten Arbeit leisten, die sich zielgerichtet anfühlt –, wenn nur jemand uns in die richtige Richtung weisen würde.

Warum hassen Manager Feedback so sehr und was können wir tun, um dies für sie (und für uns) zu beheben? Feedback ist oft ein einseitiges Kommuniqué und wird oft umständlich und zufällig geplant, wenn die überprüften Projekte und Prozesse längst entfernte Erinnerungen sind. Die jüngsten Fehler übertönen den früheren Erfolg. Ihr Feedbackgespräch liegt außerhalb Ihrer Kontrolle, und das fühlt sich nicht gut an. Sie müssen die Kontrolle über den Bewertungsprozess zurückerhalten, indem Sie eine Rückkopplungsschleife erstellen.

Setzen Sie sich mit Ihrem Manager zusammen. Erstellen Sie eine Liste mit gemeinsamen Zielen. Bestimmen Sie die Prioritäten Ihres Vorgesetzten für Ihre Arbeit und fragen Sie nach den Ressourcen, die Sie benötigen, um diese innerhalb des erwarteten Zeitrahmens zu erfüllen. Kehren Sie dann häufig zurück, um den Fortschritt zu besprechen. Sie erhalten häufigeres, relevanteres und zeitnaheres Feedback, mit dem Sie steuern können, wie sich Ihre Arbeit auf Ihr Karriere- und Gehaltswachstum auswirkt.

Planen Sie ein Familientreffen

Versammeln Sie Ihre »Familie« um sich und breiten Sie Ihre Ziele aus. Noch nie von Ihrer Familie gehört? Es ist die Kombination Ihrer tatsächlichen Familie und der Freunde, die sich wie eine Familie verhalten, diese Typen, die auch in den schlimmsten Momenten zu Ihnen stehen und Ihnen sagen, was Sie hören müssen, auf eine Weise, so wie Sie es hören müssen. Die geliebten Mitglieder Ihrer Familie, wer auch immer sie sein mögen, sind der beste Spiegel, um zu reflektieren, ob die Arbeit, die Sie tun, von Bedeutung ist.

Nennen Sie ihnen Ihre Leidenschaften. Erklären Sie ihnen Ihre Sorgen. Erzählen Sie ihnen von Ihren Einkommenszielen und Ihren Karrierezielen. Sagen Sie ihnen, was Sie zurückhält. Erzählen Sie ihnen von den Werten, in denen Sie durch Ihre Arbeit leben möchten. Bitten Sie sie dann, sicherzustellen, dass die von Ihnen geleistete Arbeit Ihren Zielen entspricht, wie Sie sie festgelegt haben.

Dies ist kein typischer »persönlicher Beirat«. Diese Leute – die Mentoren und die Champions und sogar die Neinsager – helfen Ihnen dabei, die Karriere zu steuern, die Sie aufbauen möchten. Was Sie mit Ihrer Familie teilen, ist persönlicher und verletzlicher. Aber seien Sie vorsichtig und seien Sie bereit. Wenn Sie mit einem Fünfzehnjährigen darüber sprechen, was für Sie wichtig ist und was Sie aufhält, wird es real – und zwar sehr schnell.

Fragen zur Steuerung Ihrer Suche nach Kontrolle

Die Steuerung kann in vielfältiger Form erfolgen, von Personalgesprächen über Gehälter und Vergünstigungen bis hin zur Gestaltung des Arbeitsbereichs. Für einige ist Kontrolle die Flexibilität, die Belastungen der Sandwich-Generation zu bewältigen – diejenigen von uns, die sich sowohl um junge Kinder als auch um alternde Eltern kümmern. Für andere ist es ein Mitspracherecht bei den Führungskräften, unter denen Sie arbeiten. Vielleicht möchten Sie direkt kontrollieren, wie hart Sie arbeiten und wie viel Geld Sie durch Verkäufe und Provisionen verdienen. Oder Sie benötigen einen größeren Einfluss darauf, ob Ihr Arbeitstempo eher einer wilden Achterbahn oder einem gemütlichen Karussell ähnelt. Wenn wir unsere Berufung fest verankert haben ... und wenn wir die Arbeit, die wir tun, mit der Erfüllung dieser Berufung verbinden können ... und wenn wir verstehen, wie diese Arbeit zu dem Leben beiträgt, das wir leben wollen, ... müssen wir endlich die Fähigkeit haben, zu kontrollieren, wie wir unserer Arbeit nachgehen.

Berücksichtigen Sie beim Streben nach Kontrolle die folgenden Fragen:

- Möchten Sie bei größeren, unternehmensweiten Entscheidungen mehr Mitspracherecht haben?

- Haben Sie das Gefühl, dass Ihre Meinung wichtig ist?

- Wissen Sie, was Sie gut können, und haben Sie ein Gefühl dafür, wie Sie mehr daraus machen können?

- Können Sie die notwendigen Ressourcen für Ihre Arbeit in die Hände bekommen?

- Welche Art von Input haben Sie in den Projekten, die Sie erhalten, oder in den Teams, mit denen Sie arbeiten?

- Sind Sie befugt, Feedback und Mentoring aus verschiedenen Quellen einzuholen?

- Haben Sie die Möglichkeit, den verdienten Geldbetrag oder die Anzahl der geleisteten Arbeitsstunden zu beeinflussen?

- Wer ist in Ihrer »Familie« und wie können Sie sie stärker in das einbeziehen, was für Sie wichtig ist?

TEIL DREI
FINDEN SIE IHRE KONSONANZ

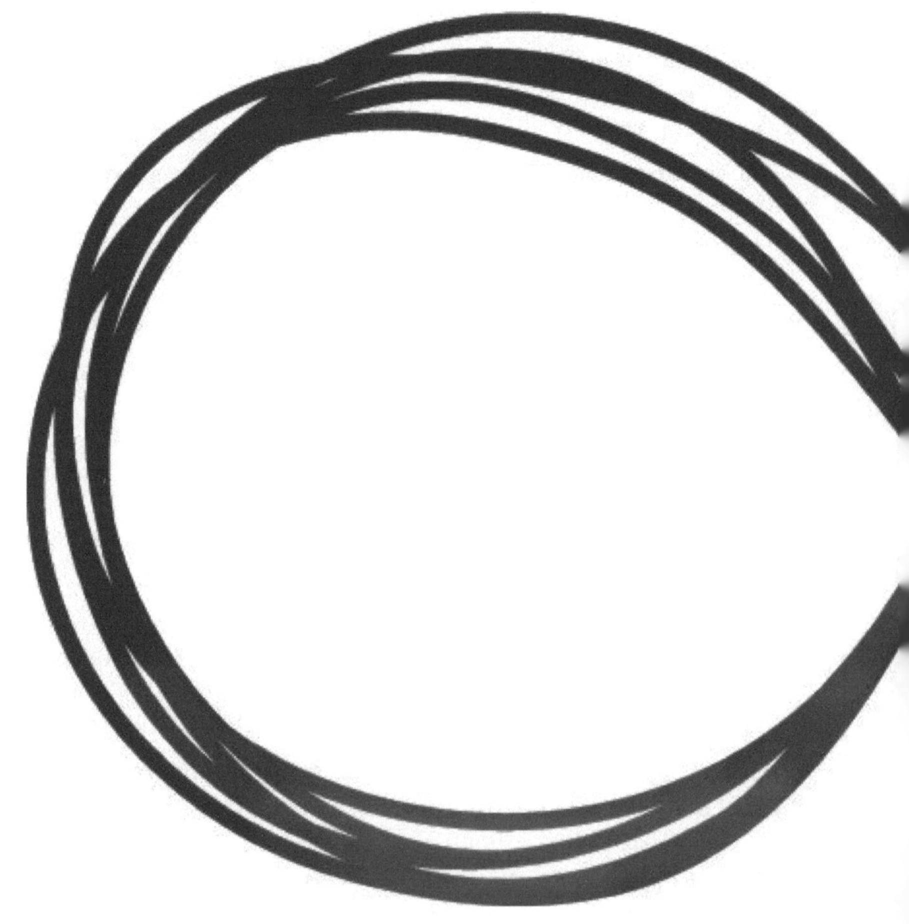

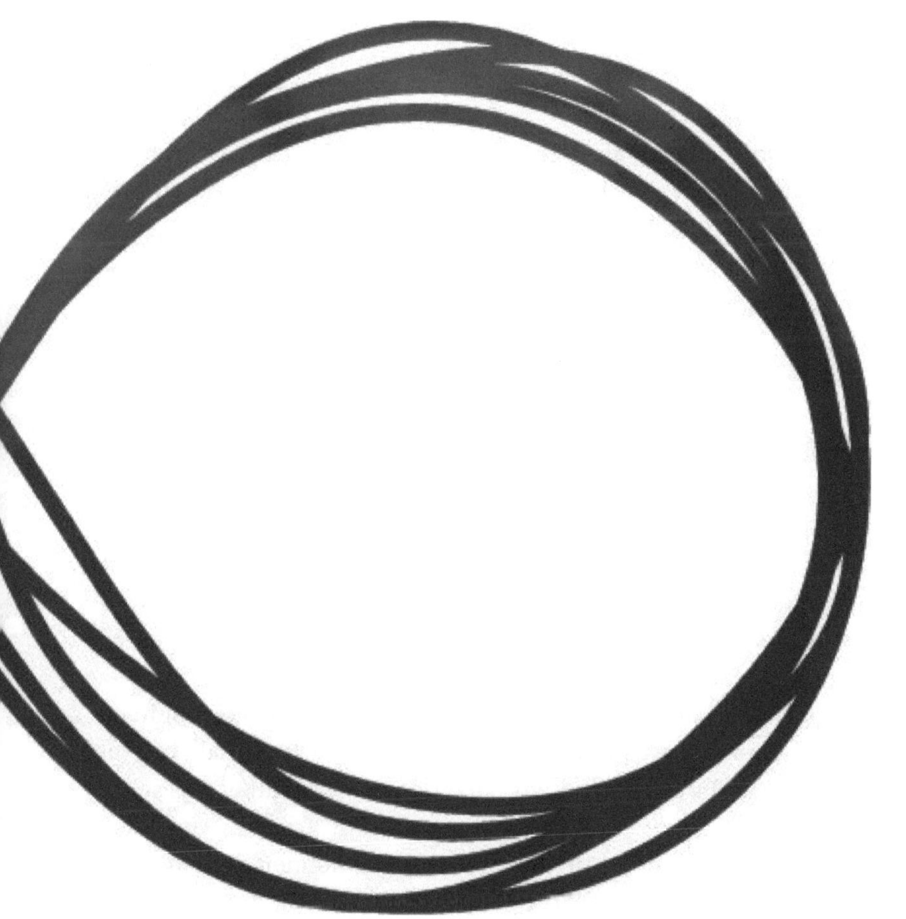

Kapitel 8

Ändern Sie Ihre Karriere

Ich betrachte Dolly Parton als meine ganz persönliche Lebensberaterin, obwohl sie und ich uns noch nie getroffen haben. Dolly sagte einmal: »Finden Sie heraus, wer Sie sind, und tun Sie es absichtlich.«

Und wirklich, können Sie an jemanden auf der Erde denken, der so gut darin war, herauszufinden, wer sie ist und es so deutlich absichtlich tat wie Dolly Parton? Sie ist praktisch die Inkarnation der Grenzenlosigkeit. Aber im Gegensatz zu Dolly verbringen die meisten von uns ihre Zeit damit, sich mit den Erfolgsdefinitionen anderer Menschen auseinanderzusetzen, um die goldenen Sterne zu verfolgen, von denen wir hoffen, dass sie uns für empfangswürdig halten.

Dann messen wir unseren Wert anhand unserer zurückgelegten Strecke – wie hoch wir gesprungen sind, wie schnell wir gelaufen sind, wie genau wir die Linie erreicht haben. Wir bewerten unsere Leistung danach, wie gut wir den Erfolg gemäß der Definition anderer umgesetzt haben, anstatt danach, was für uns wirklich wichtig ist.

Wir haben uns erlaubt, in die Falle zu tappen, unseren Wert anhand dessen zu bestimmen, was andere Menschen für wertvoll halten. Was für eine Menge Mist das ist! Und wir haben niemanden außer uns selbst zu beschuldigen.

Was können wir dagegen tun? Für den Anfang können Sie ein ehrliches Gespräch mit sich selbst darüber führen, wer Sie sind, wenn Sie in Bestform sind. Wenn Sie die Erfolgsidee eines anderen haben, sind Sie nur eine geringere Version Ihrer selbst. Das Bestreben, Ihre eigene Definition zu erfüllen, wird Sie andererseits dazu zwingen, mehr zu sein, als Sie jemals erwartet hatten.

Angesichts der Wahl zwischen weniger und mehr wähle ich jedes Mal das »Mehr« aus. Dolly weiß sicher, wie man mehr ist: Mehr Pailletten, mehr Make-up, mehr Silikon, mehr Acryl, mehr Latex, mehr von allem, was in diesen Perücken steckt. Dies ist, wer sie ist, und sie lebt es mit jeder Faser (natürlich oder nicht) ihres Seins. Und schauen Sie, wie viele goldene Sterne (und Goldene Schallplatten) sie zusammengetragen hat. Hier entdecken wir unsere Kraft, grenzenlos zu werden. Wenn wir zur Arbeit erscheinen und die Kleidung anderer Leute tragen, so tun, als wären wir etwas, das wir nicht sind, dann beschränken wir uns. Wir sind dann im Widerspruch zu uns selbst. Für Dolly, so wunderbar sie auch ist, macht es keinen Sinn, die Arie von Carmen an der Metropolitan Opera in New York zu singen. Sie weiß, welche Scheinwerfer am besten auf ihre blonden Locken scheinen, und dies gibt ihr eine Konsonanz, die (selbst von Jolene) nicht zu schlagen ist. Sie kann ganz die wunderbare, kühne Dolly sein.

Damit Sie Konsonanz finden, müssen Sie verstehen, welche Scheinwerfer am besten auf Sie scheinen – wann Ihre Energie auf Ihre Aufgaben ausgerichtet ist, wann Ihre Ziele auf Ihre gewünschten Ergebnisse ausgerichtet sind und wann Sie wie Dolly ganz und gar wunderbar und kühn sein können. Und Sie können dies nicht ohne eines der vier festen Elemente Berufung, Verbundenheit, Beitrag und Kontrolle tun. Bis jetzt hat sich dieses Buch auf diese Elemente konzentriert und darauf, wie viel von jedem der vier Elemente Sie in Ihrem Leben benötigen, damit Sie im Einklang sind und grenzenlos werden können. Lassen Sie uns nun überlegen, ob Ihre Lösung eine Änderung Ihrer Karriere (dieses Kapitel), Ihres Arbeitsplatzes (Kapitel 9) oder Ihrer Person (Kapitel 10) erfordert.

Konsonanz in gemeinnützigen Organisationen finden

Eine Veränderung Ihrer Karriere kann die Befriedigung eines radikalen Wandels bewirken, der uns daran erinnert, dass wir die Entscheidungsfreiheit über das haben, was wir als unsere Grenzen betrachten. Und die radikalste, zielstrebigste Karriereverschiebung von allen besteht darin, Ihre Karriere auf den Kopf zu stellen und in eine völlig andere Richtung zu gehen: der Übergang von Unternehmens- zu gemeinnütziger Arbeit.

Eine Konsonanzkrise – *ich hasse meinen Job! Etwas fehlt! Ist das alles, was es gibt?* – wird oft durch mangelnde Berufung angeheizt. Und wenn dem so ist, streben wir direkt in das Land des Zwecks. Wenn wir uns mit anderen umgeben, die mehr Berufung fordern, können wir auch unsere Verbindung und unseren Beitrag stärken. Hier die gute Nachricht: Das Wachstum im gemeinnützigen Sektor hat das Wachstum im privaten und staatlichen Sektor in den letzten dreißig Jahren übertroffen.[16] Und wie jeder im Unternehmenssektor weiß, bedeutet Wachstum Chancen. Aber woher kommt dieses Wachstum und was bedeutet es für Ihre berufliche Veränderung?

---

[16] Nach Angaben des gemeinnützigen Mitgliedsverbandes Independent Sector, ist zwischen 1987 und 2005, obwohl die Investitionen in Infrastruktur und Talententwicklung zurückgeblieben sind, die Anzahl der gemeinnützigen Organisationen in den Vereinigten Staaten im Vergleich zum Unternehmenssektor fast dreimal schneller angewachsen. Noch beeindruckender ist, dass die Beschäftigung im gemeinnützigen Sektor im Laufe des Jahres 2007 – 2008, dem ersten Jahr der Rezession, um 2,6 Prozent gestiegen ist, während die Beschäftigung im Unternehmenssektor um 1,1 Prozent schrumpfte. Die Anzahl von Beschäftigten in gemeinnützigen Organisationen stieg von 2008 bis 2009 erneut um 1,2 Prozent, während die Angestelltenzahlen in Unternehmen um 6,2 Prozent schrumpfte. Philanthropy News Digest, »Wachstum der Beschäftigungsrate bei gemeinnützigen Organisationen übertrifft Rate im privaten Sektor«, 27. Mai 2004, https://tinyurl.com/yaszhp4l.

Eine neue Landschaft für Talent und Finanzierung

Im Jahr 2006 veröffentlichte die gemeinnützige Beratungsgruppe Bridgespan eine branchenerschütternde Studie, in der ein Massenexodus von Führungskräften prognostiziert wurde, den Babyboomern, die für die Schaffung und Führung vieler gemeinnütziger Organisationen des Landes verantwortlich sind.

Der Sektor musste sich mit einer neuen Talentlandschaft auseinandersetzen, indem er in Führungskapazitäten investierte, Managementbelohnungen verfeinerte, um Top-Talente anzuziehen und zu halten, den Rekrutierungshorizont zu erweitern und gleichzeitig die individuelle berufliche Mobilität zu fördern. Gemeinnützige Organisationen begannen sich gemeinsam zu engagieren und die Arbeit zu erledigen – und dann schlug die Subprime-Immobilienkrise zu, und viele dieser angehenden Rentner entschieden sich für eine Verlängerung ihrer Dienstzeit. Als der Markt wieder an Stärke gewann, stieg auch die erwartete Fluktuation von Führungskräften in gemeinnützigen Organisationen wieder an, was zu Wellen an Abwanderungen der Führungskräfte führte, die in der Geschichte des Sektors ihresgleichen gesucht hatten, und dies ließ gemeinnützige Organisationen in einer Situation zurück, in der sie um erfahrene Manager kämpfen mussten.

Dieses Führungsvakuum verursachte nicht nur Veränderungen an der Spitze, sondern erzeugte auch Nachwirkungen, die ähnliche Fluktuationswellen auf allen Ebenen des Organigramms auslösten – und eine beispiellose Chance für diejenigen einleitete, die von einer Unternehmens- zu einer gemeinnützigen Arbeit wechseln wollten.

Zu diesem ermutigenden Trend kommt eine wesentliche Änderung beim Sammeln von Spenden für gemeinnützige Organisationen in Form von zwei neuen Geldgeber-Typen hinzu. Die erste Gruppe sind aktivistische philanthropische Tech-Milliardäre, die Zuwendungen für Veränderungen in seismischen Größenordnungen machen können. Die zweite Art von Spendern sind Millennials, die individuell spenden, jedoch erst nach gründlicher Internetrecherche, wo ihre Spenden den größten Einfluss haben können. Beide Geldgeber-Typen drängen gemeinnützige Organisationen dazu, mehr als je zuvor über Metriken nachzudenken.

Infolge dieser demografischen Veränderungen haben gemeinnützige Organisationen begonnen, sich zunehmend dem Unternehmenssektor zuzuwenden, um metrikorientierte Manager und datengesteuerte Geschichtenerzähler zu rekrutieren, um ihre Talentbedürfnisse und letztendlich ihre Spender zu befriedigen. Vielleicht schließt Sie das ein?

Unternehmenskandidaten Willkommen heißen

Da sich der Personalbedarf von gemeinnützigen Organisationen vervielfacht und sich die Einstellung der Geldgeber geändert hat, ist die Einstellung von Unternehmensmitarbeitern in den Sektor – auf allen Ebenen – zu einer gängigen Praxis geworden. Während meiner Rekrutierungskarriere gab es Jahr für Jahr immer mehr Anfragen, insbesondere nach Kandidaten, die aus der Unternehmenswelt wechselten.

Gemeinnützige Organisationen sind heute sowohl flexibler in Bezug auf die Art der Kandidaten, die sie einstellen, als auch umfassender in Bezug auf die Fähigkeiten, die diese Kandidaten an Bord bringen. Kandidaten mit Erfahrung in schnell wachsenden Umgebungen, Fachwissen im Management, das fördert und dennoch ergebnisorientiert ist, und einer Geschichte der aktiven Pflege interner Mitarbeiter, haben im gemeinnützigen Sektor Erfolg und blühen dort auf.

Das kommt Ihnen bekannt vor, oder? Es beschreibt zum großen Teil treffend Arbeitssuchende aus dem Unternehmenssektor, die nicht nur über die erforderlichen Fähigkeiten verfügen, sondern auch versuchen, das, was sie tun, mit dem in Einklang zu bringen, was sie sind.

Dave Swensen war vor Jahrzehnten Pionier dieser Art von Übergang, lange bevor dies im gemeinnützigen Sektor die Norm war. Dave, der Sohn und Enkel von College-Professoren, promovierte an der Yale University in Wirtschaftswissenschaften und ging davon aus, dass er nach Abschluss seiner Abschlussarbeit über den Markt für Unternehmensanleihen unterrichten würde. Aber dann bot ihm Salomon Brothers, wo er einen Großteil der Daten für seine Abschlussarbeit gesammelt hatte, einen Job an.

Es war eine aufregende Zeit an der Wall Street, in der eine neue Gruppe quantitativ denkender Fachleute den einst verschlafenen Anleihemarkt wiederbelebte, und Salomon Brothers war das Epizentrum dieser neuen Welle. Dave war fasziniert von der intellektuellen Anziehungskraft, Teil dieser bahnbrechenden Zeit auf den Finanzmärkten zu sein, und stimmte dem Job zu. Trotzdem vermisste er Yale und ging jedes Jahr zurück, um eine Klasse zu unterrichten. Als der Provost (vergleichbar in Deutschland mit einem Prorektor) diese Anziehungskraft zur Universität bemerkte, bat er Dave, die Verwaltung der Universitäts-Stiftung zu übernehmen.

Das Angebot war mit einer Lohnkürzung von achtzig Prozent verbunden, aber Dave sah die Gelegenheit, einer Institution zu dienen, die er liebte, während er sich einer intellektuell lohnenden Herausforderung stellte: den traditionellen Ansatz des institutionellen Investmentmanagements grundlegend umzugestalten.

In dieser neuen Rolle konnte Dave die Fähigkeiten und das Wissen der Wall Street einsetzen, um ähnlich interessante Probleme in einem akademischen Umfeld anzugehen, Ressourcen für seine geliebte Alma Mater zu generieren und gleichzeitig die Art und Weise, wie Institutionen ihre Portfolios verwalten, vollständig zu revolutionieren. Dave kam aus dem Unternehmenssektor und hat nicht nur einen Raum geschaffen, in dem er seine Ideen in die Praxis umsetzen konnte, während er seinem starken moralischen Kompass folgte, sondern auch eine Philosophie und einen Führungsstil entwickelt, der heute als Goldstandard in seiner Branche gilt.

Das Stiftungsvermögen von Yale ist von einer Milliarde US-Dollar auf heute mehr als neunundzwanzig Milliarden US-Dollar gestiegen, was die finanzielle Unterstützung für die Mission der Universität erheblich erhöht. Die Stiftungsausgaben decken jetzt mehr als ein Drittel des Betriebsbudgets ab, gegenüber zehn Prozent, als Dave an Bord kam.[17] Alles begann mit Daves Berufung zu Yale, seiner Verbindung zu seiner

[17] Marc Gunther, »David Swensens Leitfaden für einen gesunden Schlaf«, *Yale Alumni Magazine*, März / April 2009, http://archives.yalealumnimagazine.com/issues/2009_03/swensen.html.

Arbeit, dem Beitrag, wie diese Arbeit es ihm ermöglichte, seine Werte zu leben, und seiner Fähigkeit, zu kontrollieren, wie die Arbeit erledigt wurde.

*****

Wie wir in diesem Buch bereits besprochen haben, ist der Übergang von Unternehmens- zu gemeinnütziger Arbeit für einige ein ausgezeichneter Weg. Aber es ist nicht der einzige Weg. Für andere, deren Persönlichkeit, Denkweise oder ökonomisches Verhalten nicht damit übereinstimmen, sind gemeinnützige Organisationen möglicherweise sogar der falsche Weg. Was zählt, ist, dass Ihre Wahl mit Ihren Motivationen und Zielen übereinstimmt. Dieses Gefühl der gemeinsamen Absicht mit Menschen, deren Karrierewege parallel zu Ihren verlaufen, schafft eine Solidarität, die zu mehr Produktivität und langfristiger Zufriedenheit führt. Sie finden dies möglicherweise in gemeinnütziger Arbeit, oder es kann eine Verlagerung in oder innerhalb der Unternehmenswelt bedeuten.

Konsonanz in der Unternehmenswelt finden

Was ist, wenn Ihr Karriereübergang durch einen überwältigenden Drang nach mehr Berufung motiviert ist, Sie aber kein Temperament oder keine Fähigkeiten haben, die im gemeinnützigen Sektor gut funktionieren? Seien Sie versichert, es gibt immer noch viele Möglichkeiten, soziale Auswirkungen zu erzielen, auch ohne Ihren persönlichen wirtschaftlichen Wert oder den Komfort Ihres Betriebsumfelds zu beeinträchtigen. Dies bedeutet, entweder die Rolle zu verschieben, die Sie in Ihrem aktuellen Unternehmen spielen, oder ein Unternehmen zu finden, das (wie meine Personaldienstleistungsfirma) zweckorientiert ist, aber gleichzeitig den Gewinn im Fokus behält.

Gutes tun, während es einem gut geht

Laura Acosta war auf einem Exerzitienkurs für Führungskräfte, der von ihrer Anwaltskanzlei geleitet wurde, als ihr klar wurde, dass sie eine Veränderung brauchte. Sie und ihre Kollegen wurden einer Übung über Affinitäten unterzogen. Ihre Ergebnisse erinnerten sie immer wieder daran, dass sie am liebsten – und mit dem größten Erfolg – mit Menschen zusammenarbeitete, die danach strebten, sich beruflich weiterzuentwickeln.

Das Problem war zu dieser Zeit, dass sie knietief in einer Karriere bezüglich Wertpapier-Rechtsstreitigkeiten involviert war und mit typischen Sammelklagefällen arbeitete: Namenlose, gesichtslose Kläger auf der einen Seite und ein mächtiges Unternehmen auf der anderen Seite. Laura spürte keinen Zusammenhang zwischen ihrer Arbeit und dem Ausgang des Verfahrens für die Kläger. Es gab kein menschliches Element. Dann wurde ihr Vater, der immer ein Bild der Gesundheit gewesen war, krank. Innerhalb von nur sechs Monaten starb er.

Laura hatte das akute Bedürfnis zu lieben, was sie tat, und in ihrer aktuellen Arbeit tat sie es einfach nicht. Sie war die ganze Zeit auf Abruf und diese Bereitschaft trennte sie zu oft von ihrer Familie. Sie wusste, dass sie nicht in Wertpapierstreitigkeiten weitermachen konnte, war jedoch nicht qualifiziert, dem professionellen Entwicklungsteam des Unternehmens beizutreten.

Trotzdem liebte sie die Firma, war die Ernährerin ihrer Familie und wollte nicht gehen. Anstatt die Firma zu wechseln, hat Laura sich einen besseren Platz in ihrer Firma geschaffen. Sie unternahm interne Schritte, zunächst in die arbeitsrechtliche Praxis der Kanzlei, wo sie ihre Leidenschaft für Vielfalt erkundete und Kunden in Fragen der Unternehmensdiversität beriet. Dann öffnete sich ihr Traumberuf: das Management der Vielfalt in ihrem eigenen Unternehmen. Jetzt baut sie die berufliche Entwicklung für Firmenangehörige auf und setzt sie um, um Vielfalt und Einbeziehung in die Beschäftigungspraktiken des Unternehmens zu fördern.

In diesem Job kann Laura ihre Berufung erfüllen, im Bereich Diversität, Inklusion und beruflicher Entwicklung zu arbeiten. Außerdem hat sie absolute Kontrolle über ihre Zeit und arbeitet, wann sie möchte. Und sie genießt den Beitrag, ihre Werte zu leben, ohne auf das Einkommen oder die Vorteile verzichten zu müssen, die die Arbeit für große Unternehmen mit sich bringt. Sie sieht einen direkten Zusammenhang zwischen ihrer Arbeit und dem Unternehmensergebnis und ist nicht länger durch die falsche Wahl zwischen Gutem und Besserem eingeschränkt.

Unternehmen mit Herz folgen

Im Jahr 2015 kehrte Shawn Askinosie einer erfolgreichen Karriere als Strafverteidiger den Rücken und gründete eine Schokoladenfabrik, die einhundert Prozent ihrer Kakao-Bohnen von lokalen Bauern auf der ganzen Welt bezog.

Die Mission seines Unternehmens: Den Bauern, die die Kakaobohnen anbauen, zu dienen, großartige Schokolade herzustellen und die Welt als besseren Ort zu verlassen, als er sie vorgefunden hatte.

Askinosie Chocolate ernährt eintausendsechshundert Studenten pro Tag in Tansania und auf den Philippinen nachhaltig, basierend auf dem Einkommen, das durch den Kauf von lokalen Bauern erzielt wird. Shawn ist nicht nur ein realer Willy Wonka. Er ist der Willy Wonka für soziale Verantwortung von Unternehmen. Wenn Sie der festen Überzeugung sind, dass Ihre Arbeit die Werte Ihres Lebens widerspiegeln sollte, Sie aber in der Unternehmenswelt bleiben möchten, ist die Suche nach einer Position in einem sozial verantwortlichen Unternehmen eine vielversprechende Alternative. Unternehmen mit Herz berücksichtigen nicht nur ihren wirtschaftlichen Wert, sondern auch ihre soziale Mission. Soziale Verantwortung von Unternehmen – beispielsweise die Verwendung ökologisch nachhaltiger Materialien und das Bestehen auf fairen Arbeitspraktiken – kann bedeuten, dass der Gewinn im Austausch für das, was richtig ist, reduziert wird.

Unternehmen, die praktizieren, was sie predigen, haben das, was manchmal als »Double Bottom Line« (doppelte Bilanz) bezeichnet wird: Verantwortung gegenüber den Aktionären *und* der Sache.

Oft erhöht die soziale Mission das Profil des Unternehmens und damit den wirtschaftlichen Wert. Unternehmen mit einer sozial verantwortlichen Charta stellen außerdem fest, dass sie besser in der Lage sind, Mitarbeiter zu halten und die Anforderungen von Management und Vorstand an die Forderungen der Aktionäre anzupassen. Als wichtiger zusätzlicher Bonus können sie aus Gründen, die über die Produktqualität hinausgehen, eine Markentreue schaffen. Unabhängig davon, ob ein Unternehmen auf Grundsätzen des sozialen Werts gegründet wurde oder erst kürzlich die soziale Verantwortung des Unternehmens als Teil seiner Mission und Vision verinnerlicht hat, ist es möglicherweise der richtige Ort für Sie, wenn die Firma in der Lage ist, seine Zielstrebigkeit nach einem höheren Zweck in ein Beschäftigungsangebot für potenzielle Mitarbeiter umzuwandeln.

Dann gibt es die Unternehmen, die alles in das Geschäft ihrer Mitarbeiter einbringen und die ihnen zur Verfügung stehenden wirtschaftlichen Hebel nutzen, um die Welt sozial zu dem besseren Ort zu gestalten, den sie erreichen möchten. Für einige Unternehmen könnte dieser Ansatz bedeuten, Personalrichtlinien zu entwickeln, die so allgemein akzeptabel sind wie die Bonuszahlung an Mitarbeiter, wenn sie mit dem Rauchen aufhören oder Gewicht verlieren.

Beispiele finden Sie unter »Business for Social Responsibility« (www.bsr.org) und im »Social Venture Network« (www.svn.org) zur Förderung einer insgesamt gesünderen Kultur.
Andere Unternehmen gehen noch einen Schritt weiter und setzen ihren Aktivismus durch die Zuordnung ihrer Gewinne zu den von ihnen verfochtenen Anliegen in die Tat um. Unternehmen wie diese existieren an beiden Enden des politischen Spektrums. »Hobby Lobby« zitierte die christlichen Werte ihrer Gründer, als sie die Bezahlung von Abtreibungen aus der betrieblichen Gesundheitsvorsorge entfernte, und nahm den Kampf bis zum Obersten Gerichtshof auf, um sich dieses Recht zur Einschränkung dessen, was sie bezahlten, beizubehalten.

WeWork, einer der am schnellsten wachsenden Anbieter von Coworking Spaces, kündigte 2018 an, die Kosten für Mahlzeiten, die Fleisch enthielten, den Mitarbeiter nicht mehr zu erstatten.

Egal wo Sie stehen, Sie können ein Unternehmen finden, das es Ihrer Arbeit ermöglicht, zu Ihrer Konsonanz beizutragen, und vieles darüber aussagt, wer Sie sind.

Berücksichtigen Sie Corporate Philanthropy

Unternehmensphilanthropie bietet Unternehmen eine weitere Möglichkeit, ihre Werte zu zeigen, wie dies McDonalds bei den Wohltätigkeitsorganisationen des Ronald McDonald House macht. Jobs in diesem Bereich finden Sie in Unternehmensstiftungen, in den Außenbüros von Geschäftsführern oder anderswo – selbst dort, wo Sie sie am wenigsten erwarten.

Toni Schwarzenbach Burke hatte kein Interesse daran, Karriere zu machen. Sie war die Geschäftsführerin von City Year San José, einer gemeinnützigen Organisation, die leistungsschwache Freiwillige in guten Schulen unterbringt, um ihnen ein hervorragendes Umfeld zu schaffen und die Ergebnisse der Schüler zu verbessern. Toni stand gut da, nachdem sie gerade eine Spendenaktion für frisches Kapital abgeschlossen hatte. Und dann bat Bill McDermott, Vorstandsvorsitzender des multinationalen Softwareunternehmens SAP, sie, sich seinem Team als Leiterin für externe Angelegenheiten für das Büro des CEO anzuschließen. Toni hatte nie erwartet, in der Unternehmenswelt zu arbeiten, aber dieses Angebot schien zu gut, um es abzulehnen. Sie würde ihre Zeit zwischen der Sicherstellung, dass der CEO als Vordenker wirksam eingesetzt wurde, Richtlinienänderungen und der Unterstützung des Gemeinwesens aufteilen können. Und mit der neuen Position kam ein lukratives Unternehmensgehalt.

Um festzustellen, ob die Position für sie sinnvoll war oder nicht, musste Toni ihre Gewissheit darüber infrage stellen, was ihr Zweck gab. Könnte sie in einer Rolle von Nutzen sein, die nicht in einer gemeinnützigen Organisation war? Würde sie in der Unternehmenswelt Konsonanz finden? Am Ende sagte Toni ja. Heute ist sie nicht mehr an ihr Gehalt als gemeinnützige Führungskraft gebunden. Ihre Arbeit ermöglicht es ihr nicht nur, ein Leben im Dienst der Gemeinschaft fortzusetzen, sondern trägt auch zu ihrer Fähigkeit bei, für ihre junge Familie und ihren alternden Vater zu sorgen. Toni freut sich auch, dass sie jetzt persönlich finanzielle Unterstützung für die Anliegen anbieten kann, die sie liebt. Tonis Position gibt ihr auch die Möglichkeit, intellektuelle und finanzielle Ressourcen von SAP auf diesen wichtigen Zweck zu lenken.

Sie lebt die Werte, die ihr am Herzen liegen, indem sie den CEO, einen Führer, der sie inspiriert, in Räume bringt, in denen er Richtlinienänderungen unterstützen kann, die mit dem übereinstimmen, was Toni vertritt und sein möchte. Auch wenn sie nicht jeden Morgen sieht, wie Kinder in ihre City Year-Schulen[18] kommen, kann Toni auf unterschiedliche Weise mit dieser verbunden bleiben, da sie sich freiwillig als Mentorin für den neuen Executive Director und das neue Führungsteam der Organisation engagiert und gleichzeitig mit SAP weltweit einen Unterschied macht. Sich mit einem Unternehmen auszurichten, das Ihre Werte durch seine Philanthropie manifestiert, ist ein direkter Weg, um Ihre Berufung, Verbindung und Ihren Beitrag zu erfüllen und Ihnen gleichzeitig die gewünschte Kontrolle zu geben.

Bestimmen, was in Ihrem Instrumentarium enthalten ist

Wenn Sie feststellen, dass Sie Ihre Karriere ändern müssen, ärgern Sie sich nicht. Es ist nicht alles verloren. Sie verfügen über Fähigkeiten, Ausbildungen und Schulungen, die sich auf Ihre neue Karriere oder Ihren neuen Arbeitssektor übertragen lassen. Lassen Sie uns jede einzelne Ihrer Kompetenzen untersuchen und überlegen, wie Sie sie möglicherweise verwenden können, um grenzenlos zu werden.

Übertragbare Fähigkeiten

Welche Ihrer Fähigkeiten sind übertragbar? Das hängt etwas von Ihrem Fachgebiet und Ihrer Position in diesem Fachgebiet ab, aber die einfache

---

[18] »City Year« ist eine amerikanische gemeinnützige Organisation zur Bildungsförderung, Wikipedia: https://en.wikipedia.org/wiki/City_Year

Antwort lautet: alle. Jede Fähigkeit, die Sie in Ihrer aktuellen Arbeitssituation einsetzen, kann für Arbeiten eingesetzt werden, die für Sie wichtiger sind. Es ist möglich, sogar wahrscheinlich, dass Sie einige neue Fähigkeiten erwerben müssen, um voll an der neuen Rolle teilnehmen zu können, die Sie einnehmen möchten. Aber zum größten Teil werden Sie feststellen, dass Sie bereits das meiste haben, was Sie brauchen, um loszulegen. Ob Ihr Kompetenzen-Instrumentarium harte Fähigkeiten wie Management oder Jurakenntnisse oder weichere Fähigkeiten wie Empathie und Organisationstalent enthält, ist nicht allzu wichtig. Beim Übertragen Ihrer Fähigkeiten geht es weniger darum, Inhalte zu ändern, als vielmehr darum, Ihren Kontext zu ändern. Obwohl Sie möglicherweise einige neue Regeln oder technologische Punkte lernen müssen – abhängig von der Größe Ihres Unternehmens und dem Sektor, in dem es tätig ist –, sind die meisten Aufgaben, die unter die Funktionen Betrieb, Verwaltung und Finanzen fallen, leicht übertragbar. Um Spendenaktionen und Lobbyarbeit durchzuführen, müssen Sie möglicherweise einige rechtliche Unterschiede in Bezug auf die Abgabenordnung und steuerliche Bedingungen berücksichtigen. Aber zum größten Teil lassen sich diese praktischen Fähigkeiten leicht in die neue Arbeit übertragen, die Sie suchen. Andere Fähigkeiten, wie der Aufbau von Communities und die Entwicklung von Fonds, lassen sich nach einigen Optimierungen gut übertragen. Charisma, Vertrauen und Überzeugungskraft kennen keine Steuerklasse oder Organigrammgrenzen. Und der Verkauf von Aktien ist vielleicht nicht dasselbe wie das Sammeln von Geld für eine gemeinnützige Organisation – das Überzeugen von Kunden mittels der Aussicht auf eine karmische Belohnung erfordert eine Taktik, die sich vom Versprechen lohnender Gewinnspannen unterscheidet –, aber in jedem Fall folgen Sie der gleichen Beinarbeit: Recherchieren Sie, seien Sie der Verwalter, fragen Sie und haken Sie nach.

Fähigkeiten, die stark von Fachkenntnissen abhängen, sind viel schwieriger zu übertragen, aber dies ist immer noch kein unmöglicher Weg. Zum Beispiel kann ein Marketingleiter, der sich auf den Verkauf an Bildungseinrichtungen konzentriert, einen Köcher voller funktionaler und thematischer Pfeile zu einem Job mitbringen, um Geld für einen

Charterschulverband[19] zu sammeln. Auf der anderen Seite wird ein Augenarzt ein tiefes Verständnis für die medizinische Gemeinschaft und ihre Bemühungen zur Unterstützung blinder Kinder vermitteln, aber ein Lebenslang erworbenes klinisches Fachwissen ist nicht hilfreich, wenn Sie versuchen, Budgets zu erstellen, mit Geldgebern umzugehen oder Pressemitteilungen zu unterzeichnen. Diese Fähigkeiten müssen (und können) von woanders kommen. In solchen Fällen sollten Sie eine Teilzeit-Maßnahme in Betracht ziehen. Zum Beispiel könnte der Augenarzt einen Teil seiner bestehenden Praxis für die Versorgung von Patienten mit niedrigem Einkommen öffnen.

Formale Bildung

Wenn Sie nicht viel Berufserfahrung haben, bestimmt Ihre formale Ausbildung, wozu Sie im Wesentlichen qualifiziert sind. Dies beinhaltet die gesamte Fachkompetenz. Für diejenigen, die gerade die Schule verlassen oder eine kurze berufliche Laufbahn hinter sich haben, ist Bildung von größter Bedeutung und wird vom Personalchef stark gewichtet.

Was Sie wissen, ist wichtig, und zu diesem Zeitpunkt stammt das, was Sie wissen, hauptsächlich aus Ihrer Schulzeit. Für diejenigen, die schon länger in der Arbeitswelt sind, ist Bildung nur ein Teil der Gleichung. In einigen Fällen, wie in der Medizin oder im Recht, ist ein formaler Abschluss eine staatliche Voraussetzung. Sozialarbeiter und Lehrer müssen lizenziert sein, und Börsenhändler und Buchhalter müssen bestimmte Prüfungen bestehen. (Wir sind schließlich keine Wilden.)

In anderen Fällen, wie zum Beispiel beim Sammeln von Spenden oder bei der Verwaltung von Verbänden, ist ein Abschluss oder ein Zertifikat nicht erforderlich, bietet jedoch einen Vorteil gegenüber anderen Kandidaten. In einigen Rollen ist ein tiefes, fundiertes Wissen über die geleistete Arbeit entscheidend für den Erfolg eines Kandidaten, sobald er mit an Bord ist. Dieses Wissen basiert häufig auf einer langen Karriere auf diesem Gebiet, insbesondere in Fällen, in denen es unrealistisch ist,

19 »Charter Schools« sind in Amerika Schulen in freier Trägerschaft, die kein Schulgeld verlangen. https://de.wikipedia.org/wiki/Charter_School

mehr Bildung zu erlangen. Es ist unwahrscheinlich, dass Sie mit fünfundvierzig Jahren in die medizinische Fakultät eintreten, obwohl dies sicherlich bereits geschehen ist. Und wenn Sie in den Bereichen Recht oder Finanzen arbeiten, werden Sie wahrscheinlich nicht aufstehen und sich für eine Promotion in Ozeanografie bei der Jacques Cousteau Foundation entscheiden (auch wenn das nach Spaß klingen mag). In anderen Fällen sind Abschlüsse, die Fähigkeiten und keine Fachkenntnisse vermitteln, wie Programme für gemeinnütziges Management, Fundraising, Buchhaltung und Vertrieb oder Zertifikate für Unternehmertum, Unterricht oder Gesundheitscoaching (wie Fitness und Ernährung), leicht zu erreichen und zu erwerben. Es geht lediglich darum zu bestimmen, ob Sie durch die Investition von Zeit und Geld etwas zurückerhalten, ob seelisch oder finanziell.

On-the-Job-Training

Viele Arbeitssuchende haben eine ausreichende Ausbildung am Arbeitsplatz erhalten, um eine Doktorarbeit über ihre Arbeit schreiben zu können. Selbst wenn dies in Ihrem Arbeitsleben zutrifft, wissen Sie wahrscheinlich nicht, wie viel Sie dabei gelernt haben. Um herauszufinden, wie viel Fachwissen Sie erworben und aufgenommen haben, müssen Sie kritisch darüber nachdenken, woher Sie gekommen sind, welche anfänglichen Erwartungen Sie an Ihre Karriere hatten und wo Sie gelandet sind.

- ❖ Was haben Sie sich von Ihrer Karriere erhofft? Sind Sie dort?
- ❖ Was hat sich auf dem Weg geändert?
- ❖ Was machen Sie jetzt, was Sie sich nie vorgestellt hätten zu tun?
- ❖ Was wissen Sie jetzt mehr als zu Beginn dieses Jobs … oder des letzten Jobs … oder des Jobs davor?

Vergessen Sie nicht den gemeinnützigen Dienst, die gemeinnützige Freiwilligenarbeit oder die Vorstandsarbeit, die Sie geleistet haben, wenn Sie tief in Ihr Gedächtnis (und Ihren Lebenslauf) eintauchen und Fragen wie diese berücksichtigen. Jeder Ihrer Tage hat eine Lektion gebracht, und jede Lektion ist in irgendeiner Weise für Ihre Jobsuche wertvoll.

Welche Lektionen haben Sie im Leben gelernt?

Kapitel 9

Ändern Sie Ihren Arbeitsplatz

Als ich meine Firma gründete, tat ich dies mit einem sechs Wochen alten Kind in meinen Armen. Warum dann? Warum nicht zu einer anderen, weitaus überschaubareren Zeit in meinem Leben?

Dieser entscheidende Moment kam, als ich einen Anruf von jemandem erhielt, den ich in meinen alten Tagen im Weißen Haus gekannt hatte.

»Hey, ich habe gehört, du hast ein Baby«, sagte sie. »Das ist großartig und alles, aber ... ähm, der Geschäftsführer meiner gemeinnützigen Organisation ist gerade gegangen. Machst du immer noch in Sachen Personalsuche?«

Ein paar Monate zuvor hatte ich einen Moment der frustrierten Arbeitnehmer-Wut gehabt und war verärgert gegangen, weil die Arbeit für mich nicht funktioniert hatte. Ich hatte meine Arbeitslosigkeit dann als Mutterschaftsurlaub getarnt. Klar, ich wusste, wie man Personal sucht, und ich wollte es gerne tun. Aber ich hatte per se kein »Fahrzeug« dafür.

»Nun ja«, sagte ich trotzdem, denn alle großen Abenteuer beginnen mit etwas Unbekanntem. Und dann habe ich mich bemüht, eine Website und einen Vertrag zusammenzustellen sowie einen Business-Anzug zu finden, der über meinen nach der Geburt etwas aus der Fassung geratenen Hintern passte.

Ich habe die Website selbst erstellt und ich glaube, sie sah besser aus als der Business-Anzug – obwohl das eine wirklich niedrige Messlatte war. Jahre später, als ich anfing, Gastvorträge in Unternehmerkursen zu halten, wurde mir immer die gleiche Frage gestellt:

»Wie lange haben Sie gebraucht, um Ihren Geschäftsplan zusammenzustellen?«

Sie sehen, für die Studenten, die sich das heutige Ich ansehen – eine erfolgreiche weibliche CEO eines Executive Search-Unternehmens mit einem globalen Portfolio (und zu der Zeit mit einer professionellen Webseite und einem Business-Anzug, der nicht die Grenzen der Physik überschritt) – schien es, dass mein Weg immer durch ruhiges Fahrwasser geführt hatte. Das war weit davon entfernt. Meine Antwort auf diese Frage, wie lange ich gebraucht habe, um meinen Geschäftsplan zu schreiben, bestand darin, nach einem Stück Papier zu fragen, damit ich meinen Plan sofort schreiben konnte.

»Sie sehen, ich hatte nie einen Plan«, erklärte ich. »Ich machte gerade Geschäfte.« Ich hatte verdammt viel Glück mit dieser ersten Arbeit, aber ich wusste auch, dass, wenn es eine zweite, dritte oder fünfzigste Möglichkeit haben wollte, ich mich wie verrückt ins Zeug legen musste, um es wahr werden zu lassen.

Ich hatte diesen kleinen Außerirdischen in meinen Armen und er schien alles von mir zu brauchen, aber mein Wunsch, meine Werte durch professionelle Arbeit zu leben, hatte sich nicht geändert. Was sich jedoch geändert hatte, war die Bedeutung, die ich bestimmten Elementen meiner Arbeit beimaß. Ich hatte ein neues Verständnis dafür, was mir Konsonanz bringen würde. Flexibilität wurde für mich plötzlich viel wichtiger als die Zahlen auf meinem Gehaltsscheck. Der Beitrag, den meine Arbeit lieferte, bestand mehr darin, wie ich mein Leben leben konnte, und weniger wichtig war, was ich in diesem Leben kaufen konnte. Anstatt einseitig vorzugehen und nach Kundenmissionen zu suchen, die meine frühere Sprache sprachen, bestand meine neue Berufung darin, ein Geschäft aufzubauen, wovon Kunden, die meine Arbeit schätzten, weltweit ganzheitlich profitieren konnten.

Kontrolle wurde zum Schlüssel. Die Planung von Telefonkonferenzen für die Zeit des Mittagsschlafes des Babys war der Traum. Ich war die ganze Zeit so müde, dass ich keine Energie mehr hatte, um zwischen meinem Arbeit-Ego und meinem persönlichen Selbst zu wechseln. Ich musste absolut positiv im Einklang sein. Und für mich war es unerlässlich, in Konsonanz zu leben, und meine richtige Kombination aus Berufung, Verbundenheit, Beitrag und Kontrolle zu erschaffen.

Vielleicht lieben Sie, wie ich, Ihre Arbeit, finden aber Ihren Arbeitsplatz einschränkend. Vielleicht ist die Arbeit selbst inspirierend, anregend, lohnend – aber die Umgebung, in der Sie arbeiten, ist genau das Gegenteil. Meinen Arbeitsplatz zu wechseln bedeutete für mich, mich selbständig zu machen.

Die Gründung eines eigenen Unternehmens begann damit, meine bisherige Vorstellung davon, was Erfolg bis dahin bedeutete, zu verwerfen und zu entscheiden, welche Wertigkeit er jetzt plötzlich hatte. Für Sie könnte es sinnvoll sein, in die Selbständigkeit zu gehen – oder dort zu bleiben, wo Sie sind, aber mit einigen wichtigen Änderungen. Es ist selbstverständlich, dass Sie eine gewisse Kontrolle über Ihre Arbeit, die Personen, mit denen Sie sie ausführen, und die Projekte, denen Sie zugewiesen sind, wünschen. Sie möchten wissen, dass Sie eine Stimme in Ihrem eigenen Schicksal und eine gewisse Entscheidungsfreiheit darüber haben, wie Sie Ihre Zeit verbringen. Sie möchten eine direkte Verbindung zwischen Ihren täglichen Aufgaben und dem Problem, das Sie lösen möchten, oder dem Endergebnis, das Sie aufbauen möchten, spüren.

Mit den richtigen Veränderungen an Ihrem Arbeitsplatz könnten Sie sich bei Ihrer Arbeit viel zielgerichteter fühlen. Die Transformation des Arbeitsplatzes kann verschiedene Formen annehmen: Von der Lobbyarbeit für interne Änderungen in Ihrer Umgebung bis hin zur externen Arbeit wie zum Beispiel als Berater oder unabhängiger Auftragnehmer.

Intern gehen

Nicky Goren ist der CEO der Meyer Foundation, eine gemeinnützige Organisation im Großraum Washington, DC. Die Stiftung wollte ihre

Spendenstrategie ändern, um mehr Diversity-Bemühungen zu finanzieren. Aber Nicky wusste, dass sowohl sie als auch ihr Team betriebsinterne Arbeiten zu erledigen hatten, bevor die Stiftung Veränderungen extern finanzieren konnte.

Sie beauftragte alle, vom Backoffice bis zu den leitenden Angestellten, an Programmen teilzunehmen, die ein Verständnis für Gerechtigkeit und Inklusion gewährleisten, sodass ihre Arbeit mit ihrer Berufung verbunden war und ihre Arbeit zu den Werten beitrug, welche sie als Einzelpersonen leben wollten.

Möglicherweise stellen auch Sie fest, dass der Weg zu Ihrer Berufung durch mangelnde Verbundenheit oder mangelnde Beiträge – in welcher Form auch immer – behindert wird. Möglicherweise haben Sie zu wenig Kontrolle über die Arbeit. Fragen Sie sich: Fühlen Sie, dass Ihre Arbeit unwichtig ist, weil sie eigentlich keine Rolle spielt? Oder liegt es daran, dass die von Ihnen verfolgte Lösung Ihnen nicht wirklich hilft, Fortschritte zu erzielen?

Wenn Ihr Problem das erstere ist, müssen Sie wahrscheinlich Nägel mit Köpfen machen und diesen Sprung in eine völlig neue Arbeitssituation schaffen, die ein Aufwärts- und / oder ein seitlicher Wechsel in ein anderes Unternehmen oder einen anderen Sektor sein kann, wie oben erläutert. Auf der anderen Seite müssen Sie möglicherweise nur die Frage stellen – und den ersten Schritt tun, um grenzenlos zu werden, wenn Ihnen einfach die Sichtlinien in Ihrem Unternehmen oder der Agentur fehlen, um Ihre Nützlichkeit zu erkennen oder umzusetzen.

Stellen Sie die Frage

Josh Bernoff verbrachte fünfzehn Jahre bei Forrester Research und arbeitete an dem, was er liebte: Er erforschte und schrieb Berichte über die Zukunft der Technologie, führte eine Expertenanalyse der Geschäftsstrategie durch und brachte dann anderen bei, dasselbe zu tun. Was er am meisten liebte, waren die Ideen und ihr Potenzial. Aber als Forrester anfing, eine neue Richtung einzuschlagen – eine Richtung, die Josh in eine Rolle gebracht hätte, die er weniger interessant fand –, setzte er sich intern für die Schaffung einer neuen Position ein. Die Erforschung und das auf-den-Punkt-bringen von großen Ideen hatte Josh schon immer inspiriert.

Sie können sich also vorstellen, wie sehr er es genossen hat, Senior Vice President für Ideenentwicklung zu werden und die nächsten fünf Jahre damit zu verbringen, Forresters mächtigste und einflussreichsten Ideen zu identifizieren, zu entwickeln und zu fördern.

Viele Menschen gehen davon aus, dass ihr Arbeitsplatz unveränderlich ist. Es besteht jedoch immer die Möglichkeit, dass Ihre Organisation offen für die von Ihnen gewünschten Änderungen ist – wenn Sie wissen, wie Sie richtig Lobbyarbeit leisten. Manchmal reicht es aus, ab und zu aus Ihrem Büro aufzutauchen, um für sich selbst einzutreten.

Erkundigen Sie sich, ob ein Vorgesetzter Zeit hat, einige Fragen zu beantworten. Finden Sie einen Weg, um an einem oder zwei Meetings teilzunehmen. Fragen Sie früh und oft. Dies ist der einzige Weg, um das zu bekommen, was Sie brauchen, insbesondere an einem Arbeitsplatz, der stagniert. Als zusätzlichen Bonus wird Ihr Chef diese Begeisterung wahrscheinlich als Zeichen Ihrer Investition in das Unternehmen und Ihres Wunsches sehen, die Firma zu verstärken. Er oder sie könnte Sie immer mehr darin schulen, was das Problem lösen und Ihnen helfen könnte, wieder Konsonanz zu finden – ohne dass Sie jemals Ihren aktuellen Platz verlassen müssen. Möglicherweise müssen Sie mutig sein, um Anforderungen an den Arbeitsplatz zu stellen, z. B. einen neuen Geschäftsbereich vorzuschlagen, den Sie führen möchten, oder, wie Josh, ein Portfolio von Arbeiten, die Sie überwachen möchten.

Lobbying für Veränderungen kann auch bedeuten, dass Sie Technologie nutzen, um Verbundenheit, Beitrag und Kontrolle zu Ihrem Streben nach Konsonanz zu bringen. Wenn Sie beispielsweise von zu Hause aus arbeiten, können Sie Ihre Bemühungen möglicherweise von einem begrenzten oder unbequemen Arbeitsplatz weg konzentrieren – oder Sie können mehr abrechnungsfähige Stunden für Kunden bereitstellen, anstatt diese Zeit bei einem langen, unüberschaubaren täglichen Pendeln zu verbringen. Oder Sie könnten ein Budget für die berufliche Entwicklung anfordern, um zu kontrollieren, wie die Arbeit zu Ihrer Karriere beiträgt, oder für gemeinnützige Zwecke, damit Sie Ihre Werte durch Ihre Arbeit besser leben können.

Sich Fragen zu stellen, könnte Ihr Leben verändern, seien Sie also mutig! Denken Sie daran, es ist wahrscheinlich nicht so, dass Ihr Arbeitgeber Ihnen bei der Arbeit keine neue Regelung anbieten möchte. Wahrscheinlicher ist, dass er oder sie einfach nicht daran gedacht hat – oder nicht wusste, dass Sie interessiert waren.

Übernehmen Sie die Zügel!

June Smith arbeitet bei einer gemeinnützigen Organisation in New York City, die unterrepräsentierte Experten ausfindig macht und schult, damit sie in ihren Bereichen Führungspositionen einnehmen können. Sie nahm den Job unmittelbar nach ihrem College-Abschluss an und fühlte sich sowohl zu ihrer kühnen Mission berufen, neue Stimmen für das öffentliche Gespräch zu gewinnen, als auch zu ihrer Leiterin, einer dynamischen Sozialunternehmerin. In ihrem ersten Jahr arbeitete June hart daran, sich selbst herauszufordern, indem sie ehrgeizige Projekte übernahm und mit Führungskräften der Organisation zusammenarbeitete. Sie erhielt positives informelles Feedback, aber ohne eine formelle Prüfung für ihre Leistung zu erhalten, fühlte sich June unsicher, wie ihre Arbeit aufgenommen wurde und wie sie letztendlich mit ihrer gewünschten Karriere zusammenhing. Nachdem June auf eine Überprüfung gedrängt und diese wiederholt aufgeschoben worden war, erstellte sie ihr eigenes Meeting und begrüßte ihr Team zu einer Diskussion am runden Tisch über ihre Zukunft in der Organisation. Durch diesen unternehmungslustigen und ernsthaften Prozess lernte sie, dass ihr Arbeitsplatz ein Umfeld war, in dem Unternehmer gedeihen und Selbstvertretung der Weg war, um zu gewinnen. Der Schlüssel zum Beginn des Gesprächs bestand darin, zu handeln und in diesem Fall ihre eigene Leistung zu bewerten und ihre Zukunftsvision zu teilen.

June ging in das kommende Jahr und wusste, wofür sie kämpfen würde, welche Ergebnisse sie sehen wollte und besaß einen Plan, um dorthin zu gelangen, und das zu erhalten, was sie verdient hatte. Dieser

Perspektivwechsel ermöglichte es ihr, sich einer bewussten Denkweise zuzuwenden, und positionierte sie als CEO ihres eigenen Portfolios.

Die direkte Auseinandersetzung mit diesem Thema kann einschüchternd sein, insbesondere wenn Sie sich am Anfang Ihrer Karriere befinden. Ich kenne mehr als ein paar Angestellte, die ihre Arbeit aufgegeben haben, weil sie keine Ahnung hatten, wo sie standen, und keine klaren Antworten erhielten oder Angst hatten zu fragen.

Es ist schwierig, Ihren Karriereweg zu planen, wenn Sie außer Kontrolle geraten und nicht die Zügel halten. Planen Sie zunächst ein Meeting mit Ihrem Vorgesetzten und stellen Sie Brainstorming-Fragen, um zu erfahren, was Sie anders tun müssen, um dorthin zu gelangen, wo Sie hin möchten. Anstatt Ihren Arbeitsplatz zu verlassen, werden Sie zur treibenden Kraft in Ihrer aktuellen Rolle. Dies erleichtert Ihrem Manager das Wachstum – und hilft auch Ihnen.

Extern gehen

Vielleicht haben Sie bereits verschiedene Möglichkeiten ausprobiert, um Ihre Situation an Ihrem aktuellen Arbeitsplatz zu verbessern. Vielleicht funktioniert die Arbeit nicht für Sie, weil Sie für sich selbst arbeiten müssen. Wenn Sie Ihren Arbeitsplatz für externe Gelegenheiten verlassen, können Sie Ihr eigenes Unternehmen gründen oder freiberuflich tätig werden. Diese Optionen sind nicht nur für Menschen gedacht, die eine lange Karriere hinter sich haben.

Bevor Sie denken, dass Sie alleine da draußen wären oder dass Sie zu jung sind, beachten Sie, dass der Pool selbstständiger Menschen stetig wächst, insbesondere unter den jüngeren Generationen.[20]

[20] Eine kürzlich von Deloitte durchgeführte Studie ergab, dass sich der Pool selbstständiger Amerikaner wahrscheinlich verdreifachen wird, bis 2020 auf 42 Millionen Arbeitnehmer. Von diesen Selbständigen werden wahrscheinlich 42 Prozent Millennials sein. Kelly Monahan, Jeff Schwartz und Tiffany Schleeter, »Decoding Millennials in der Gig Economy: Sechs Trends für alternative Arbeit«, *Insights* (Blog), Deloitte.com, 1. Mai 2018, https://tinyurl.com/ycpjqnc6.

Scott Stratten ist einer von ihnen. Mit seiner Frau Alison war er Co-Autor von fünf Bestseller-Büchern über Wirtschaft und Unternehmertum. Heute ist er ein gefragter Hauptredner. »Entrepreneur«, sagt Scott gern, »ist lateinisch für ›schlechter Angestellter‹.«

Scott wusste einfach ziemlich früh in seiner Karriere, dass er und die Angestelltenwelt mit festen Arbeitszeiten nicht miteinander auskommen würden. Als Zwölfjähriger stieß Scott auf einen Spendenmarathon bei einem lokalen öffentlichen Fernsehsender und wurde mit Les Brown bekannt gemacht, einer Legende in der Welt der motivierenden Sprecher. Der junge Scott war fasziniert von der Idee des öffentlichen Sprechens, und als seine College-Ausbildung ihn in die Personal- und Ausbildungsabteilung einführte – was ihn zu einem Job bei einer nationalen Verpackungsfirma brachte, für die er durch Nordamerika reiste, um deren Verkäufer auszubilden –, erkannte er, dass er in der Lage sein könnte, mehr zu sein. (Ich meine, wenn Sie dafür bezahlt werden, Luft zu verkaufen, können Sie so ziemlich alles tun, oder?)

Also verließ Scott diesen Job, um sich seine Berufung als Hauptredner zu erfüllen. Sein erster Ausflug war ein freier Vortrag in der örtlichen öffentlichen Bibliothek. An diesem Tag waren siebzehn Personen im Publikum, von denen neun Familienmitglieder waren. Der Rest, vermutete er, wartete wahrscheinlich nur auf den Yoga-Kurs, der im Raum beginnen sollte, sobald sein Vortrag beendet war.

Alleine unterwegs

Scott fing an, Online-Videos zu machen, um für seine Arbeit zu werben, und als diese Videos viral wurden, machte er sich auf den Weg und sprach diesmal ein immer größeres Publikum an. Als ihn ein familienmedizinisches Problem zwang, zu Hause zu bleiben, beschloss er, Videos für andere zu machen – und machte sein Unternehmen zu einem der weltweit erfolgreichsten Unternehmen für virale Videos.

Dann schlug die Rezession zu und seine Firma ging kaputt. Im Jahr 2009 war Scott bis auf seinen Unternehmergeist bankrott und begann von vorne. Diesmal wurde er auf Twitter groß – und als er Alison 2010 traf, nahm sie seine achtunddreißigtausend Wörter und verwandelte sie in sechzigtausend, die das erste Bestseller-Buch für sie beide werden sollte. Scott ist der Sprecher und Alison ist die Schriftstellerin; zusammen sind sie in Konsonanz. Im Jahr 2015 buchte man Scott für Keynote-Reden im Wert von einer Million US-Dollar.

Sicher, es gibt viele schlaflose Nächte, wenn Sie Ihr eigenes Unternehmen gründen. Selbst Jahre später gibt es immer wieder Momente der Unsicherheit darüber, ob das Telefon jemals wieder klingeln wird. Es gibt den Moment, in dem Ihr bester Kunde Sie fallen lässt, und den Moment, in dem Ihr schlechtester Mitarbeiter einfach nicht kündigt. Es gibt aber auch eine grenzenlose Freiheit, wenn Sie entscheiden können, welche Kriege Sie führen, welche Schlachten Sie schlagen und auf welchen Hügeln Sie sterben möchten. Ich habe vor Jahren herausgefunden, dass ich ein stolzer Unternehmer bin. Sie könnten auch einer sein.

Selbstständigkeit

Kathy Klotz-Guest war im Silicon Valley super drauf und absolut angesagt, mit einem MA-Abschluss und einem MBA leitete sie fünfzehn Jahre lang das Firmen-Marketing und die Firmen-Kommunikation von schnell wachsenden Hightech-Unternehmen. Nebenbei machte sie auch Comedy und Improvisation (wenn man fünf oder sechs Nächte pro Woche als »nebenbei« zählt), und das ziemlich erfolgreich. Sie war tief in sich gespalten – bei Tag ernst, bei Nacht lustig. Es hat nicht funktioniert. Bei ihrer täglichen Arbeit bemühte sich Kathy, sich anzupassen und unternehmerisch zu sein. Aber so war sie einfach nicht. Als Senior Director of Marketing maß sie ihren Zweck am Endergebnis, fühlte sich jedoch sowohl zerebral als auch emotional von diesem Ergebnis getrennt. Dann gebar sie ihren Sohn. Ihre Welt hatte sich verändert. Kathy ging in Mutterschaftsurlaub – und kehrte nie zurück. Ihr Wendepunkt kam, als sie seit zwei Wochen im Mutterschaftsurlaub war und ihr Chef anrief, um zu fragen, ob sie in vierzehn Tagen in Japan sein könnte.

Anstatt nach Japan zu gehen, kündigte sie. Dann bat ihr Chef sie, in Teilzeit zurückzukehren. Anstatt wieder für ihn zu arbeiten, akzeptierte sie ihn als ersten Kunden ihrer neuen, ungeplanten (und noch unbenannten) Beratungsfirma.

Als Kathy erkannte, wie wichtig es war, sich selbst treu zu bleiben und die Kontrolle über ihre Arbeit zu behalten, fand sie einen Weg, ihrer eigenen Energie zu folgen.

Heute verdient sie ihren Lebensunterhalt als Hauptrednerin; eine Strategin für Geschichtenerzählen und Kreativität; eine Komikerin; und eine Autorin, die sich für Spiel, Improvisation und Humor im Geschäft einsetzt. Sie versucht nicht mehr, sich in das traditionelle Unternehmensumfeld einzufügen, sondern kann sich selbst in die von ihr gewählte Arbeit einbringen. Sie nutzt ihr komödiantisches Talent aus Improvisationskomödie und Stand-up, kombiniert mit ihrer fünfzehnjährigen Unternehmenserfahrung, um Menschen und Teams dabei zu helfen, ihr Bestes zu geben. Sie veranstaltet auch eine wöchentliche Comedy-Show im Silicon Valley mit dem Titel »Laugh Tracks«, und Inc.com hat ihr neuestes Buch »Stop Boring Me!« veröffentlicht.

Als ich Leute für dieses Buch interviewte, tauchte immer wieder ein wiederkehrendes Thema auf: Für sich selbst zu arbeiten ist eine der besten Möglichkeiten, die Konsonanzelemente in einer für Sie geeigneten Kombination zu erfüllen. Überlegen Sie sich also, ob es an der Zeit ist, Ihr eigener Chef zu sein. Ein Unternehmen zu gründen ist nicht jedermanns Sache, aber wenn es für Sie Sinn macht, könnte es die beste Wahl sein, ein Anführer zu sein.

Der Gig Economy die Stirn bieten

Die Menschen schütteln die Bindungen des typischen Arbeitsplatzes auf zwei verschiedene Arten ab. Das erste ist einfach, den Job zu verlassen und ein Unternehmen zu gründen, wie es Kathy Klotz-Guest und ich beide getan haben – und dort genau das zu tun, was Sie innerhalb der engen Mauern Ihrer Neun-bis-Fünf-Jobs bereits getan haben, aber mit einem besseren Chef (meistens).

Die zweite besteht darin, den Job zu verlassen, aber überhaupt nicht nach dem nächsten Job zu suchen. Stattdessen könnten Sie nach interessanten Arbeiten suchen und genügend unabhängige Projekte aneinanderreihen, damit das kombinierte Portfolio ein nachhaltiges und grenzenloses Leben ermöglicht. Wenn Sie auf eigene Faust die richtige Mischung aus Berufung, Verbundenheit, Beitrag und Kontrolle finden – aber nicht bereit sind, ganz und gar in das Unternehmertum einzusteigen –, sollten Sie in Betracht ziehen, sich den dreißig Prozent der Belegschaft anzuschließen, die bereits ihre Chance in der »Gig Economy«[21] nutzen, wie von Diane Mulcahy in ihrem gleichnamigen Bestseller 2016 beschrieben.

Ein Gig Economy-Arbeiter zu sein, bedeutet nicht, neben Ihrem Tagesberuf noch schwarz zu arbeiten oder nebenbei Beratungs- oder Auftragsnehmerarbeiten zu erledigen. Wenn Sie der Gig Economy wirklich die Stirn bieten, sind Sie vollständig auf unabhängige Einzelaufträge (im Englischen »Gig«) angewiesen, die Sie in ihrer Gesamtheit finanziell unterstützen können. Nehmen Sie als Beispiele Journalismus, Grafikdesign und Sporttraining. In jedem Bereich sind Vollzeitjobs nur deshalb schwer zu bekommen, weil die Kosten für den Arbeitgeber zu hoch sind, aber es gibt viel Arbeit in Form von kurzfristigen unabhängigen Auftritten.

Infolgedessen werden diese Arten von Aufgaben und Verantwortlichkeiten häufig stündlich oder an Freiberufler vergeben, die von Projekt zu Projekt arbeiten.

Glenn Cooks Karriere hatte drei Kapitel: Er schrieb dreizehn Jahre lang für Zeitungen, fast fünf Jahre in der Schulkommunikation und zwölf Jahre im Zeitschriftenverlag für eine gemeinnützige Organisation. Im ersten Kapitel ging es darum, so viel wie möglich von einem Job zu lernen und dann weiterzumachen.

---

[21] James Manyika, Susan Lund, Jacques Bughin, Kelsey Robinson, Jan Mischke und Deepa Mahaja, »Unabhängige Arbeit: Auswahl, Notwendigkeit und Gig Economy«, McKinsey Institute, Oktober 2016, https://tinyurl.com/y822uf64.

Das zweite bot Einblick in die Komplexität einer Organisation, die mit der Erziehung von Kindern beauftragt ist. Beim dritten ging es darum, die Fähigkeiten, die er in den ersten beiden Kapiteln gelernt hatte, auf ein nationales Publikum anzuwenden. In jedem Abschnitt seines Arbeitslebens erlebte Glenn einige Hindernisse, von langen Stunden über niedrige Löhne bis hin zu unternehmensinternen politischen Machtkämpfen.

Diese Frustrationen wurden durch die Erfüllung ausgeglichen, die er darin fand, kreativ zu sein und ständig etwas Neues zu lernen – bis die Büroumgebung bei seinem letzten Job für seinen Geist giftig wurde. Er war ausgebrannt, frustriert, ausgelaugt und desorientiert darüber, was er tun wollte und wie er es am besten tun konnte. Als Glenn 2013 endgültig entlassen wurde, war er ein achtundvierzig-jähriger Ehemann und Vater von vier Kindern mit begrenzten Möglichkeiten zum Job-Hopping und begegnete viel Altersdiskriminierung. Er pflückte den Silberstreifen am Horizont und fügte freiberufliche Arbeiten in den Bereichen Schreiben und Fotografieren zusammen. Obwohl seine Ehepartnerin ihn unterstützte, hatten sie beide immer Angst, dass sie den Boden unter den Füßen verlieren könnten. Glenn hat es aber in der Gig-Economy geschafft, und heute ist er damit beschäftigt, Arbeiten kreativer zu erfüllen, als er es sich jemals hätte vorstellen können, indem er mit Worten und Bildern die Geschichten von Einzelpersonen und gemeinnützigen Organisationen erzählt. Seine Arbeit ist breit und vielfältig und ausgezeichnet – ich habe ein großes fotografisches Werk von ihm in meinem Büro hängen. Vor allem aber wählt er nur Projekte aus, die seine beiden spezifischen Kriterien erfüllen: Erstens muss das Projekt einen Beitrag zu seiner Familie leisten, indem es zur Bezahlung der Rechnungen beiträgt. Und zweitens muss es zu seiner Karriere beitragen, indem es sein Bedürfnis nach Lernen und Kreativität erfüllt. Wenn diese Kriterien erfüllt sind, findet Glenn eine Verbindung zu seinen Kunden und kann anderen und sich selbst auf dem Weg helfen.

Für Sie hängt die Überlegung, ob die Gig Economy für Sie geeignet ist, hauptsächlich von drei Dingen ab: Ob Ihre Arbeit dieser Art von Engagement gerecht wird, ob Sie die Kraft für die Unsicherheit haben und ob

Sie dazu in der Lage sind, ohne die Leistungspakete aus einer Vollzeitbeschäftigung auszukommen.

Bestimmen Sie Ihre beste Arbeitsumgebung

Wie entscheiden Sie also, ob ein interner oder externer Weg zur Veränderung am Arbeitsplatz Ihnen hilft, Ihre Konsonanz zu finden? Wir verwechseln Konsonanz oft damit, einfach innerhalb unserer Fachkompetenz zu arbeiten, aber das ist nur ein Teil der Gleichung.

Ihre Persönlichkeit und Ihr Umgang mit Ihren Kollegen, die Art und Weise, wie Sie Ihre Arbeit erledigen oder die Arbeit anderer verwalten, und Ihr allgemeines Verhalten am Arbeitsplatz runden das Bild ab. Die richtige Dynamik für Sie zu berücksichtigen und wie Sie am besten in einen Arbeitsplatz passen, ist entscheidend, wenn es darum geht, Änderungen vorzunehmen.

Sind Sie der Typ, der unter Druck und in kritischen Wendepunkt-Situationen gut arbeitet? Oder sind Sie besser in einem stabileren Umfeld, in dem Krisen selten auftreten?

Können Sie das Beste aus der Zusammenarbeit mit Legionen junger, idealistischer und energischer Neulinge herausholen? Oder sind Sie besser in der Verwaltung eines kleineren Kaders erfahrener Fachkräfte?

Genießen Sie eine hoch aufgeladene politische Atmosphäre bei der Arbeit? Oder gedeihen Sie stattdessen in einem Umfeld, in dem die Agenda transparenter ist und Sie von Gleichgesinnten umgeben sind?

Wenn Sie erkennen, welche Art von Umgebung Ihre besten Eigenschaften hervorhebt und Sie gedeihen lassen – und einen Arbeitsplatz finden oder schaffen, der Ihnen die Kontrolle über diese Umgebung bietet –, wird eine stärkere Verbindung zu Ihrer Berufung hergestellt. Auf diese Art können Sie auf eine Weise arbeiten, die zu dem Leben beiträgt, das Sie leben möchten.

Jedes Unternehmen, jede gemeinnützige Organisation oder jede Gelegenheit zum Unternehmertum hat seine eigene Persönlichkeit und Arbeitskultur. Manchmal spiegelt die Persönlichkeit am Arbeitsplatz die

Themenwelt des Unternehmens, seine besondere Führung oder die Branche oder den Sektor wider.

Zum Beispiel sind gemeinnützige Organisationen im Bereich Human Services eher auf Aktivismus ausgerichtet, mit jüngeren, idealistischen Mitarbeitern. Hochschulen tendieren dazu, fester und stabiler zu sein. Start-ups sind in der Regel ein Buzz von 24/7 All-Hands-on-Deck-Aktivitäten. Ein kleines Tante-Emma-Café ist weit entfernt von Starbucks.

Welches Arbeitsumfeld passt am besten zu Ihnen?

Kapitel 10

Sich selbst verändern

Wenn eine Änderung Ihrer Karriere und eine Änderung Ihres Arbeitsplatzes nicht in Frage kommen, ist es an der Zeit, den Spiegel wieder auf sich selbst zu richten. Sie müssen einige Änderungen in Bezug darauf vornehmen, wie Sie die Konsonanz messen, damit Sie die Grenzen aufheben und jene Ziele anvisieren können, die Sie in Ihrem Leben sehen möchten. Wenn Sie daran zurückdenken, werden Sie vielleicht feststellen, dass Sie in Ihrem Leben noch nie Konsonanz hatten. Oder vielleicht sind Sie jetzt älter und in einem anderen Lebensstadium, und die Dinge, die Ihnen vorher Konsonanz gebracht haben, sind jetzt einfach irrelevant.

In jedem Fall liegt es an Ihnen, zu bestimmen, was für Sie funktioniert, und die lästigen Grenzen zu beseitigen, die Sie viel zu lange belastet haben. Es gibt verschiedene Möglichkeiten, dies zu tun. Zuerst muss man aufhören, sich so sehr zu bemühen, mit allen anderen Personen Schritt zu halten.

Hören Sie nicht auf die Nachbarn

Jeden Herbst sind meine Social-Media-Seiten voll von scheinbar perfekten Müttern mit ihren scheinbar perfekten Kindern, die alle begeistert sind, zu ihrem scheinbar perfekten ersten Schultag zu gehen. Währenddessen herrscht in meinem Haus Chaos. Es ist sowie schon ein seltener Moment, in dem meine Kinder tatsächlich früh genug aufstehen, um rechtzeitig für die Schule zu duschen (oh, Pubertät!) und sich anzuziehen (zusätzliche Punkte für saubere Kleidung!) – geschweige denn, dass sie an einem Ort still stehenbleiben, um mich mit diesem einen kostbaren, wenn auch kitschigen Foto des jährlichen »Erwachsenwerden« zu segnen (und dabei nicht mit den Augen zu rollen!). Übrigens: Dieses Jahr habe ich ein Foto mit dem Titel »Fröhlicher *zweiter* Tag nach Schulbeginn« veröffentlicht.

Es ist zu einfach, in den Abgrund des ständigen »sich mit anderen vergleichen« zu geraten, zu versuchen, mit den Nachbarn mitzuhalten und allen Ratschlägen zuzuhören, wie Erfolg aussieht und was wir tun müssen, um ihn zu erreichen. Und das alles begrenzt uns nur. Es bringt alles aus dem Gleichgewicht: Unser Verständnis für den Wert unserer Berufung, die Verbundenheit, die wir dazu wollen, den Beitrag, den die Arbeit leistet, und die Kontrolle, die wir darüber brauchen.

Diese Fotos vom Schulanfang können unsere Newsfeeds mit Freude füllen, aber sie – und all die anderen Möglichkeiten, wie wir uns an den Leistungen anderer messen können – erfüllen uns auch mit Schmerz, endlosen Vergleichen und Selbstzweifeln. *Mache ich das richtig? Habe ich die richtigen Entscheidungen getroffen? Was wäre, wenn ich es erneut tun könnte?* All diese vorgeschriebenen Definitionen von Erfolg mit all ihren schreienden Stimmen der Perfektion tragen zu dem Krach bei, den wir bereits in unseren eigenen Köpfen darüber haben, dass wir vielleicht nicht mithalten, es nicht ausbalancieren, nicht alles haben können. Das ist Quatsch.

Wenn wir an der »Muss alles haben« Olympiade teilnehmen, verliert jeder einzelne von uns. Lassen Sie uns die einschränkenden Definitionen der Erfolgsversionen anderer Leute genau hier und jetzt wegwerfen. Entschuldigen Sie sich höflich und verlassen Sie das Rennen, das jemand anderes für Sie erstellt hat, und beginnen Sie, Ihr eigenes Rennen zu definieren und zu starten. Stehen Sie für sich selbst ein. Nehmen Sie den eigenen Weg. Bestreiten Sie Ihr eigenes Rennen. Beurteilen Sie nur Ihren eigenen Fortschritt. Und all diese Stimmen, die Ihre Entscheidungen in Frage stellen und Ihnen sagen, was Sie tun sollen und müssen? Sie erhalten einfach kein Gehör – es sei denn, Sie geben es ihnen. Und dazu gehört auch diese Stimme in Ihrem eigenen Kopf.

Harte Entscheidungen treffen

Edison Research ist der einzige Anbieter von Daten aus Wahltagsumfragen für den »National Election Pool«, einem Konsortium von Nachrichtenmedienorganisationen, das nach dem Debakel der Bush-Gore-Wahlen im Jahr 2000 gegründet wurde. Wie Sie sich vorstellen können, steht viel auf dem Spiel. Die letzte Firma mit diesem Vertrag gab unmittelbar nach diesem schrecklichen Wahlausgang in Florida das Geschäft auf. Fehler zu machen, ist hierbei einfach keine verfügbare Option.

Mit vierzehn Jahren Berufserfahrung ist Tom Webster einer der Mitarbeiter mit der kürzesten Amtszeit in der A-Riege von Edison. Edison ist kein Ort für Job-Hopper, da die DNA der Firma es Tom und dem gesamten Edison-Team ermöglicht, in völliger Konsonanz zu leben, wo das, was sie tun, mit dem übereinstimmt, was sie sind. Edison ist großzügig in dem betrieblichen Gesundheitswesen und spendet im Namen seiner Mitarbeiter an Wohltätigkeitsorganisationen.

Edison-Mitarbeiter haben einen starken moralischen Kompass (»Wir sind lieber etwas später dran, dann aber mit dem richtigen Ergebnis, als zuerst«) und einem starken ethischen Kompass und beheben Fehler (wenn sie auftreten) schnell und transparent. Es fühlt sich gut an für sie zu arbeiten.

Aber es fühlte sich für Tom nicht immer gut an. Seine Arbeit als Senior Vice President erforderte viel Reisetätigkeit, wobei es ihm nichts ausmachte, weil er seinen Kunden einen Wertesatz liefern konnte, der mit seinem übereinstimmte und zu seiner Fähigkeit beitrug, diese Werte in seiner Arbeit zu leben.

Andererseits bemerkte er immer mehr, dass es ihm etwas ausmachte, zu Hause zu sein. Als er lange Zeit zu Hause war, fing er an, alle möglichen Probleme mit seinem Job zu finden, nahm ihn auseinander und machte seine Arbeit dafür verantwortlich, dass er unglücklich war. Nach einer Weile wurde Tom klar, dass nicht sein Job kaputt war. Er verschwendete Zeit mit der Idee, den Arbeitsplatz zu wechseln, nur weil es einfacher gewesen wäre, als die Ehe zu wechseln. Er hatte versucht, das Falsche zu reparieren. Also traf Tom die schwere Wahl und fand heraus, wie man das Richtige – sein persönliches Leben – regelt, was die schwierige Wahl der Scheidung und die wunderbare Wahl der Wiederverheiratung mit sich brachte. Bald wurde er ein glücklicherer Angestellter und ein besserer Vater. In seinem Leben fügten sich die Einzelteile zu einem Gesamtbild, nun konnte er in völliger Übereinstimmung mit seinem Leben sein.

Ganzheitlich sein

Zwei Wertesätze – einen, den Sie in Ihrer Arbeit leben, und einen in Ihrem Zuhause – funktionieren nicht, wenn sie immer im Widerspruch zueinander stehen.

Aber was ist, wenn jede Version von Ihnen die andere unterstützt, sodass eine Übereinstimmung zwischen den beiden besteht – oder dass der eine Ansatz es Ihnen ermöglicht, das andere zu tun? Wer sagt, dass Sie alles auf eine Karte setzen müssen? Wenn Ihr Hauptjob Ihnen keine Konsonanz gibt, warum sollten Sie sich von diesem Job vollständig definieren lassen?

Was wäre, wenn Sie das Drehbuch Ihres Lebens auf den Kopf stellen und aufhören würden, sich durch Ihren primären bezahlten Job, Identität, Zweck und Glück zu geben – sondern ihn als das betrachten, was es Ihnen ermöglicht, der Nebenbeschäftigung nachzugehen, die Sie lieben? Es ist eine der besten Möglichkeiten, Ihre Konsonanz zu finden, wenn Sie Ihren Tagesjob als das betrachten, was dazu beiträgt, wie Sie Ihre Verbindung zu Ihrer Berufung steuern.

Marci Alboher, Autor des hochgelobten Buches »One Person / Multiple Careers« aus dem Jahr 2007, argumentiert, dass Menschen einen Schrägstrich verwenden können, um ihre einzigartigen Leidenschaften in ihre Arbeit einzubeziehen. Was ist ein Schrägstrich? Es ist die Kombination aus einem »Anker«-Job – derjenige, der die Rechnungen bezahlt, die Leistungen erbringt, zur Rente beiträgt oder aber durch den physischen Standort einschränkt – und einem »Orbit«-Job oder einer Arbeit, die flexibler erledigt werden kann. In ihrem Buch beschreibt Marci einen Anwalt, der als Staatsanwalt arbeitet und an den Wochenenden als Seelsorger in seiner Kirchengemeinde tätig ist.

Sie stellt auch eine hauptberufliche Lehrerin für Sozialkunde vor, die nach fünfzehn Uhr, am Wochenende und im Sommer ein sehr erfolgreiches Modell ist.

Diese Karrieren haben anscheinend nichts gemeinsam, obwohl eine tiefergehende Betrachtung wahrscheinlich einige Verbindungsstränge aufdecken würde. Ein bekanntes Beispiel für den Schrägstrich-Profi ist Sanjay Gupta, der medizinische Korrespondent von CNN, der zwischen seiner On-Air-Arbeit und seinen chirurgischen Aufgaben wechselt. Diese einzigartige Kombination ermöglicht es ihm, (im wahrsten Sinne des Wortes) mitzuwirken, was im klinischen Umfeld vor sich geht, und bietet gleichzeitig Perspektiven zu gesundheitsbezogenen Themen in den nationalen Nachrichten – wobei jeder Beruf den anderen informiert.

Marci selbst ist ein »Schrägstrich«, und ihre Berufe haben sich im Laufe der Zeit weiterentwickelt. Ich habe Marci zum ersten Mal nach der Veröffentlichung meines vorherigen Buches »Mission Driven – Übergang vom Profit- zum Zweckdenken« kennengelernt, das sich enger auf die Art des Zwecks konzentriert, der durch gemeinnützige Arbeit im Zusammenhang mit Ursachen gefunden wird. Zu dieser Zeit schrieb Marci die Kolumne »Shifting Careers« und den Blog für die New York Times. Sie hatte zehn Jahre als Unternehmensanwältin verbracht und verfing sich im Spezialisierungsspiel: Von der Generalistin über Werbeanwältin, Direktmarketinganwältin, Direktwerbungsanwältin und schließlich hin zur Gewinnspielanwältin für Reader's Digest.

Marci war an der Spitze ihres Spiels angekommen und wurde ziemlich gut bezahlt; es hilft, wenn Sie zu den wenigen Top-Leuten der Welt mit einer so engen Spezialisierung gehören. Aber während die Arbeit intellektuell anregend war, fühlte sie sich oft bedeutungslos (oder sogar schädlich) an und sie war hungrig danach, in eine Arbeit zu wechseln, die sich positiv auf die Welt auswirkte. Weil sie gut in dem war, was sie tat, und gut darin war, ihre Kunden zu verwalten, konnte sie eine dreitägige Arbeitswoche aushandeln – zuerst während ihrer Arbeit in

Hongkong (damit sie reisen konnte) und dann bei einem neuen Arbeitgeber, als sie nach New York zurückkehrte (damit sie Schreibunterricht nehmen konnte).

Was Marci am Schreiben liebte, war die Flexibilität. Sie konnte über alles schreiben, aber sie fühlte sich zunehmend von Menschen angezogen, die wie sie in verschiedene Richtungen gleichzeitig gezogen wurden. Sie reiste durch die USA, interviewte Hunderte von »Schrägstrichen« und schrieb schließlich ihr Buch. Marcis Karriere mit Ankerjob / Orbit-Job wurde vervollständigt, als sie dem Management-Team von Encore.org beitrat, einem gemeinnützigen Innovationszentrum, das die Talente der über fünfzig-Jährigen als treibende Kraft nutzt. Als Ansprechpartnerin für Personen in »Nebenjob«-Karrieren und durch die Nutzung des zweiten Akts ihres Lebens für das Wohl der Allgemeinheit, hat sie viel Zeit damit verbracht, zu untersuchen, wie Menschen und Gesellschaft über Arbeit und soziale Zwecke denken, da unser Arbeitsleben länger ist als je zuvor. Ihr 2012 erschienenes Buch »The Encore Career Handbook: Wie man seinen Lebensunterhalt verdient und einen Unterschied in der zweiten Lebenshälfte macht« dokumentiert, was sie auf ihrem Weg gelernt hat.

Marcis »Schrägstrich«-Karriere ermöglichte es ihr, verschiedene Interessensgebiete zu erkunden, sich neuen Arten von Arbeit zuzuwenden und sich weiterzuentwickeln, wenn sie neue Lebensphasen erreichte. Obwohl ihre aktuelle Arbeit bei Encore um eine große »Anker«-Position organisiert ist, in der sie viele ihrer Interessen zusammenführen kann, nimmt sie sich Zeit für andere Arbeiten, die sich auf natürliche Weise um diesen Fokus drehen. Sie ist ein engagiertes Vorstandsmitglied bei »Girls Write Now«, einer gemeinnützigen Organisation, die Highschool-Mädchen durch Schreiben unterstützt. Und sie ist eng mit anderen Organisationen verbunden, die für sie wichtige Arbeiten ausführen, wie beispielsweise dem OpEd-Projekt, das verschiedene Stimmen in öffentlichen Gesprächen verstärkt und unterstützt.

Für Marci begann es damit, eine singuläre Definition von Erfolg abzulehnen, die sich nur mit einem Titel am Arbeitsplatz befasst. Sie dachte über ihre Berufung nach, über ihre Kontrolle darüber, wie ihre tägliche Arbeit sie mit dieser Berufung verband und wie ihr »Tagesjob« finanziell zu dem Lebensstil beitrug, den sie wollte, und zu den Werten, die sie liebte. Indem Marci sich die Gnade einer erweiterten Definition erlaubte – eine, die die Stunden ihres traditionellen Jobs berücksichtigte und wie diese Stunden Raum für ihre nicht-traditionellen Jobs schafften –, entwickelte sie eine ganzheitliche Version von sich selbst und entfernte die Grenzen, die in ihr aufkamen.

Wenn Sie sich auf diesen neuen Schritt Ihrer Reise begeben, ist es vielleicht am besten, Ihre Interessen getrennt zu halten, wie beispielsweise den Lehrer / das Modell der High School. Auf der anderen Seite können Sie einen Weg finden, Ihre Interessen zu vereinen, wie den Anwalt / Seelsorger, den Marci profiliert hat.

Später wurde sie Präsidentin von Easterseals – einer gemeinnützigen Organisation, die Menschen mit körperlichen Behinderungen Unterstützung, Dienstleistungen und Möglichkeiten bietet – und leitete mit ihrem Ehemann, der auch Pfarrer ist, eine Gemeindekirche.

Könnte es Ihnen Konsonanz bringen, ein »Schrägstrich«-Profi zu werden – jemand, der mit einer Kombination aus einem Anker-Job und einem Orbit-Job (oder Jobs) jongliert?

Die Balance neu ausrichten

Jake Tedaldis Ausbildung und frühe Anstellung als klinischer Tierarzt frustrierte ihn. Er hasste die ständigen Unterbrechungen durch Assistenten, die ihn alarmierten, doch dringend andere Patienten zu untersuchen. Er verabscheute die kalte Sterilität der klinischen Pflegeräume. Er verabscheute es, den ganzen Tag so gehetzt zu sein, dass er seine Abende damit verbringen musste, sich zu erinnern, welcher Patient welcher war, wenn er die Krankenakten schrieb. Er hatte keine Kontrolle über den Wasserfall an Aufgaben, die ihn zu ertränken drohten und ihn von seiner Berufung abbrachten: Seinen Tierpatienten und ihren nervösen Besitzern eine gezielte Versorgung zu bieten.

Erst als Jake seinen Job durch die Linse einer Vaterschaft betrachtete, konnte er erkennen, wie seine Arbeit seine Fähigkeit einschränkte, im Einklang zu leben.

Er musste tun, was er liebte, aber er war auch der Vater von vier jungen Söhnen, die ihn brauchten – und der Ehemann einer Medizinerin, die viele Stunden als Assistenzärztin an einer Klinik arbeitete.

Deshalb hatte Jake einen Plan entwickelt, um die Flexibilität seiner Arbeitssituation zu erhöhen, was wiederum eine bessere Kontrolle über seine tägliche Arbeitserfahrung ermöglichte. Er verließ die Welt der Klinik und eröffnete eine Praxis als Hausarzt für diese Haustiere und ihre Besitzer – ich unter ihnen. Jake fand seine Konsonanz, als er sein Gleichgewicht der vier Elemente neu mischen konnte. Seine Berufung und die Verbundenheit bedurften keiner Anpassung, aber er sah die Notwendigkeit, seine Kontrolle zu verbessern und seinen Beitrag neu zu kalibrieren, mit dem Verständnis, dass eine größere Flexibilität an verfügbarer Zeit den Einkommensrückgang wettmachte. Nachdem er die notwendigen Änderungen für sich vorgenommen hatte – wo und wie er seine Arbeit erledigte, wie viel oder wie wenig er arbeitete und wie schnell er sein Einkommen steigerte und seine Klientel vergrößerte – stieg sein Beitrag auf das für ihn und seine Familie angemessene Niveau.

Wir erhoffen oder erwarten nicht immer eine Änderung dessen, was uns einschränkt, und oft sind wir von dessen Auswirkungen überrascht. In der Regel treten diese Änderungen auf, wenn wir bestimmte Phasen durchlaufen, z. B. Eltern werden oder kurz vor der Pensionierung stehen. Eine Neukalibrierung dessen, was Konsonanz für Sie bedeutet, kann jedoch genauso leicht nach einer schwerwiegenden Diagnose oder einer wichtigen Weltnachricht erfolgen. Wenn sich an verschiedenen Punkten in Ihrem Leben Ihre Bedürfnisse ändern, müssen sich auch die Werte ändern, die Sie auf Berufung, Verbundenheit, Beitrag und Kontrolle legen.

Bestimmen, was für Sie richtig ist

Jeder von uns wird unterschiedliche Grenzen haben, ob extern oder intern, die uns zurückhalten und uns davon abhalten, unseren wahren Weg zu einer zufriedenstellenden Karriere und einem zufriedenstellenden Privatleben zu entdecken. Sie müssen entscheiden, welchen Wert Sie auf Berufung, Verbundenheit, Beitrag und Kontrolle legen – und welche persönlichen Anpassungen erforderlich sind, damit Sie die eindeutige Kombination erzielen, die Sie grenzenlos macht. Um herauszufinden, was für Sie richtig ist, müssen Sie eines entscheiden: Was ermöglicht es Ihnen, das auszuleben, was Sie sind? Wenn Sie diesen introspektiven Ansatz wählen, müssen Sie möglicherweise einige schwierige Fragen an sich selbst stellen, bevor Sie Maßnahmen ergreifen und die erforderlichen Änderungen vornehmen können.

Wie sieht Erfolg für Sie jetzt und in Zukunft aus? Wie soll Ihre Arbeit Ihr Leben definieren oder Ihren Lebensstil unterstützen? Was ermöglicht Ihre bezahlte Arbeit an Freizeit-Aktivitäten und nebenberuflichen Engagements? Sind die Werte, die Sie zu Ihrer Arbeit ziehen, die gleichen Werte, die Sie zu Hause leben?

Wenn Sie diese Fragen stellen, können Sie ehrlich zu sich selbst sein, was jedes der Elemente Berufung, Verbundenheit, Beitrag und Kontrolle für Sie bedeutet.

Was muss sich ändern, damit Sie das Leben leben können,
das Sie sich wirklich wünschen?

Fazit

Stellen Sie sich vor, Sie haben gerade den Mount Everest bestiegen. Sie haben über viele Jahre sowohl geistig als auch körperlich für dieses Glanzleistung trainiert. Sie verbrachten Monate in Steigeisen, kletterten durch Schnee und Eis, über lebensbedrohliche Gletscherspalten und hatten ständig Angst vor Lawinen, Stürmen und Verletzungen. Sie haben unzählige Stunden damit verbracht, sich vorzubereiten, zu organisieren, zu ärgern, zu träumen. Sie haben bei jenem finalen anstrengenden Schritt die letzte Energie verbraucht. Und jetzt haben Sie die Spitze erreicht. Sie haben es geschafft. Schließlich. Es ist Zeit, sich auszuruhen, zu entspannen und Ihren Erfolg zu feiern. Richtig? Nicht ganz.

Das Hinunterklettern erfolgreich schaffen

Im Jahr 2002 erhielt Alison Levine einen unerwarteten Anruf. Sie wurde gebeten, als Leiterin der ersten amerikanischen Everest-Expedition für Frauen zu fungieren, die von der Ford Motor Company gesponsert wurde. Alison beantragte und erhielt einen unbezahlten Urlaub von Goldman Sachs und begann mit der Ausbildung und dem Sammeln von Spenden für dieses enorme Unterfangen. Im Vorfeld und während des gesamten Abenteuers wurden Alison und ihr Team von mehr als vierhundertfünfzig Medien präsentiert. Menschen aus der ganzen Welt warteten gespannt auf die Nachricht von ihrem triumphalen Erfolg.

Verdrehen Sie jetzt nicht die Augen. Dies war kein Zeitverschwendungs-Eitelkeitsspiel eines Wall-Street-Typs, der nach einem Grund zum Prahlen suchte. Alison hatte sich ganz zufällig bei Goldman befunden.

Alison, mit einem Hauptabschluss in den Geisteswissenschaften an der Universität von Arizona und eine begeisterte Frau im Freien – sie hat den höchsten Gipfel auf jedem der sechs Kontinente bestiegen und sowohl den Nordpol als auch den Südpol auf Skiern erreicht –, hatte immer vorgehabt, ihren Beruf in ihre Berufung zu verwandeln: Die Gründung einer Abenteuerreisefirma. Sie machte sich auf den Weg zur Duke University, um einen MBA zu erwerben und die Wissenslücken bezüglich der Finanz- und Buchhaltungsseite eines Geschäftsbetriebes zu schließen.

Für eine Frau, die ihren ersten Job nach dem College im Pharmaverkauf annahm, weil er mit einem Gehalt von zweiundzwanzigtausend US-Dollar und einem Firmenwagen ausgestattet war – und sie brauchte diesen Wagen wirklich –, war Goldman nicht nur eine ganz neue Welt. Es war ein ganz neues Universum.

Aber es war eines, das sie nicht wirklich genoss. Alison liebte ihre Kollegen und fand die Arbeit herausfordernd – also kein Problem. Sie schätzte auch die Kultur der Zuverlässigkeit, Rechenschaftspflicht und Übererfüllung. Doch ihr Herz war einfach nicht dabei.

Es gab keinen Zusammenhang zwischen ihrer Arbeit und ihrer eigenen Berufung, nach draußen zu gehen und zu erkunden – und das Leben der Menschen zu verbessern, indem sie neuen Erfahrungen ausgesetzt oder ihnen geholfen wurde, glücklich zu werden. Sie fühlte sich eingeschränkt. Alison brachte ihren überragenden Intellekt und ihre grenzenlose Energie jeden Tag zur Arbeit, aber sie nutzte sie nicht, um Geschäftsergebnisse zu erzielen.

Ohne sich mit ihren wahren Motivationen zu verbinden, erntete sie nie die Belohnungen, die man von einem extravaganten Job an der Wall Street erwarten kann. Und sie war nicht in der Lage, ihre Arbeitsstunden in einer Kultur zu kontrollieren, die immer längere Arbeitstage erforderte – drinnen an einem Schreibtisch und nicht in der freien Natur.

Als dieser Anruf im Jahr 2002 kam und Alison einlud, die All-Women-Expedition auf den Mount Everest zu leiten, ergriff sie die Chance. Sie war auf dem Weg zur Weltspitze. Und sie hätte es auch fast geschafft. Alisons Team war vierundachtizg Meter von der Spitze eines achttausendachthundertachtundvierzig Meter hohen Berges entfernt, als sich das Wetter änderte. Der Erfolg war in greifbarer Nähe, rutschte ihnen aber schnell durch die Finger. Alison wusste, dass die Fortsetzung des Aufstiegs zum Gipfel mit der tödlich hohen Wahrscheinlichkeit verbunden sein würde, nie wieder zurück zu kommen. Als Leiterin stand sie in der Verantwortung und sie wusste, dass das Team umdrehen musste. Sie hatten alles, was es brauchte, aber Mutter Natur nahm alles, was sie hatten.

Aller Wahrscheinlichkeiten zum Trotz fand sich Alison 2010 wieder am Everest wieder, einem Ort, an dem sie nie gedacht hätte, dass sie ihn erneut besuchen würde. Diesmal war sie auf dem Gipfel und hielt einen Eispickel mit dem Namen *Meg* in der Hand. Sie ehrte eine Freundin, die erst fünf Monate zuvor an Grippekomplikationen gestorben war, nachdem sie ein Lymphom zweimal geschlagen hatte. Alison stand gerade lange genug auf dem Gipfel, um ein T-Shirt mit der Aufschrift »Team Meg« herauszuziehen und breit zu lächeln, damit ein Foto an den Moment erinnerte.

Dann drehte sie sich um und ging zurück. Warte, was? Sie blieb nicht stundenlang dort oben und feierte endlich ihren Erfolg? Nein, denn ein längerer Aufenthalt auf dem Gipfel als dieser kurze Moment würde ihren Sauerstoff nur weiter verbrauchen und ihren Abstieg gefährden.

Aber was noch wichtiger war, Alison blieb nicht an der Spitze, weil sie bereits das erste Mal erfolgreich gewesen war. Es stellt sich heraus, dass Erfolg nicht das ist, was wir denken – in Wirklichkeit schneiden die traditionellen Definitionen ihn ab. Erfolg in Ihrer Karriere besteht nicht darin, einen Eimer mit goldenen Sternen zu füllen, einen perfekten Job auf Papier zu bekommen oder alle von anderen festgelegten Kontrollkästchen abzuhaken.

Erfolg ist nicht die Spitze des Mount Everest. Es ging wieder auf den Boden der Realität, lebendig. Alison hatte das getan – zweimal. Und obwohl sie diese von ihr so gewünschte Outdoor-Explorationsfirma immer noch nicht auf die Beine gestellt hat, bringt ihre Arbeit, die sie um die Welt reisen lässt, um Lektionen über Management und Führung zu vermitteln, die sie während ihrer eigenen Abenteuer gelernt hat, jetzt ihre Übereinstimmung mit dem Leben.

Sie kann ihre Berufung erfüllen, indem sie Menschen hilft, bessere Versionen ihrer selbst zu werden. Sie versteht, wie jedes Gespräch mit jedem Publikum mit dieser Berufung verbunden ist. Und sie ist eine der bestbezahlten Frauen in der Welt der Motivations-Sprecher, was ihr die Kontrolle über ihren Arbeitsplan ermöglicht. In der Zwischenzeit lebt sie ihre Werte und genießt einen besseren finanziellen Beitrag als sie es mit dem Pharmaunternehmen oder ihrer mittelmäßigen Goldman-Leistung könnte.

Wie Alison in ihrem 2014 meistverkauften Buch »On the Edge: Leadership Lessons from Mount Everest and Other Extreme Environments« beschreibt, ist es manchmal erforderlich, sich umzudrehen, um vorwärts zu kommen.

Den ausgetretenen Pfad verlassen

Ebenso erfordert das Vorwärtsbewegen manchmal das völlige Verlassen des Weges. Jack Lew hat genau das getan. Wie viele junge Idealisten begann Jack als Praktikant auf dem Capitol Hill, dem Sitz der US-Regierung. Er war ein Kind der 1960er Jahre, das seine Zeit in der High School damit verbrachte, seinen Schulleiter zu bitten, den Krieg in Vietnam zu beenden, sich später freiwillig für viele Wahlkämpfe meldete, die Teilnahme am ersten »Tag der Erde« organisierte und den New Yorker Marsch gegen den Hunger koordinierte.

Alle diese Aktionen spiegelten seine lebenslange, unerschütterliche Überzeugung wider, dass jeder von uns etwas tun kann und sollte, um diese Welt zu einem besseren Ort zu machen. Jacks frühe Jobs führten ihn als Adjutant in verschiedene Kongressbüros und in die Stadtverwaltung von Boston. Seitdem hat er seine Karriere damit verbracht, zwischen privatem und öffentlichem Sektor hin und her zu wechseln.

Er war Exekutivdirektor des »House Democratic Steering and Policy Committee« für den Sprecher Thomas P. O'Neill Jr. und arbeitete dort ab 1979 bis der Sprecher im Jahr 1987 in Pension ging. Dann verließ Jack das Regierungsviertel, um Energierecht zu praktizieren.

Ich traf Jack 1993, als er wieder in die Regierung zurückkehrte, um die Gesetzgebung zu schreiben, die AmeriCorps werden sollte. Die Leute fragten, warum er interessiert sei; immerhin hatte er schon einen großen Job in Regierungskreisen gehabt. Warum sollte er für ein kleines Büro im Weißen Haus arbeiten wollen, das ein nettes kleines Programm starten sollte (wenn es den Weg durch den Kongress fände), das nie der groß angelegten Politik nahe kommen würde, an die er gewöhnt war zu arbeiten?

Jack ließ sich damals von demselben Prinzip leiten, das seine Karriere bis heute bestimmt: Arbeiten Sie in interessanten Jobs mit guten Menschen zusammen. Während jeder die Begriffe »interessante Arbeit« und »gute Leute« unterschiedlich definiert, ging es für Jack darum, eine Struktur zu erschaffen, in der jeder von uns durch den Dienst an unserer Gemeinschaft unser Land verbessern kann.

Außerdem mochte er Eli Segal, den Direktor unseres Büros, von dem Moment an, als sie sich trafen. Jack wusste, dass das Programm wichtig war und er vertraute darauf, dass Eli in seinem Interesse handeln würde. Er nahm an, dass das Schlimmste, was passieren könnte, darin bestehen würde, acht oder neun Monate damit zu verbringen, etwas zu tun, das ihm wichtig war, auch wenn es wenig mit dem Rest seiner Karriere zu tun hatte.

Den Namen Jack Lew kennen viele Amerikaner, weil seine Unterschrift auf vielen der Dollar-Banknoten abgebildet ist. Jack hörte auf seine eigene Definition von Erfolg und machte sich auf eine Reise, die sich als sagenhafte Karriere im Weißen Haus herausstellte. Unter Präsident Bill Clinton und später unter Präsident Obama war er der Direktor des »Office of Management and Budget« tätig, als stellvertretender Staatssekretär unter Hillary Clinton, als diese das US State Departement führte, als Stabschef für Präsident Obama und schließlich bekleidete er das Amt des 76ten Schatzkanzlers des US-Finanzministeriums.

Jack kannte weder die Clintons noch Obama, bevor er anfing, für Eli zu arbeiten. Er hatte den netten kleinen Job für das nette Programm nicht gewählt, um sich für größere Aufgaben in Position zu bringen. Er wusste nur, dass, wenn er seinem eigenen Prinzip treu blieb – tue interessante Arbeit für gute Leute –, sich seine Welt um neue Erfahrungen erweitern und sich damit wahrscheinlich in der Zukunft neue Möglichkeiten ergeben würden, die seinem Motto entsprachen.

Jack hatte keinen konkreten Plan für seine Karriere, als er am ersten Tag seines ersten Jobs oder in einer seiner nachfolgenden Positionen anfing. Und er sah seinen nächsten Schritt sicherlich nicht voraus, nachdem er an AmeriCorps gearbeitet hatte, einem Unterschriftenprogramm der Clinton-Regierung, das von beiden Parteien unterstützt wurde und mehr als einer Million Menschen die Möglichkeit gab, ihrer Gemeinde und ihrem Land zu dienen.

Die Idee des nationalen und gemeinnützigen Dienstes zog Jack an, und er liebte die Idee eines Programms, das der Bewegung Struktur verleihen könnte. Er war inspiriert von der Führung, mit der er jeden Tag zusammenarbeiten konnte, und dem Präsidenten, unter dem er dienen sollte. Er fühlte die Verbundenheit.

Als Hauptautor der Gesetzesvorlage hatte Jack einen direkten Blick darauf, wie sich jede von ihm getroffene Entscheidung auf die möglichen Chancen des Gesetzentwurfs auswirken würde, ratifiziert und in der Rechtsprechung verankert zu werden. Und als einer der wichtigsten Befürworter, der durch das Land reiste, um nationale und landesweit gewählte Beamte an Bord zu holen, war seine Fähigkeit, seine Entscheidungen kommunizieren zu können, von entscheidender Bedeutung. Er trug deutlich zu diesem Ziel bei.

Diese Arbeit ermöglichte es Jack, seine Werten und seine Arbeit neu zu definieren. Er stellte sich in ein kleineres Büro, aber in einen größeren Betrieb, was seine Option für zukünftige Gelegenheiten erhöhte. Die Welt der Menschen, die seine Beiträge anerkannten, wuchs und schloss den Präsidenten und die oberste Führungsebene im Weißen Haus mit ein.

Er hatte die Kontrolle. Obwohl die Erfüllung dieses Wahlversprechens eine der ersten von Präsident Clintons erster Regierungszeit war und obwohl das Arbeitstempo rasend schnell war, arbeitete Jack mit Menschen zusammen, die respektierten, dass er eine junge Familie hatte und wichtige Verpflichtungen für sie innehatte.

Ich erinnere mich an eine Zeit, als Jack und Eli von Staat zu Staat reisten und das Programm an Gouverneure verkauften, aber Eli sorgte immer noch dafür, dass Jack rechtzeitig nach Hause kam, um den Sabbat mit seiner Familie zu feiern.

Diese Kombination aus Berufung, Verbindung, Beitrag und Kontrolle in seiner Rolle hatte einen bleibenden Einfluss auf Jack. Später gründete und leitete er den Vorstand des City Year New York und war Vorstandsmitglied der Corporation for National and Community Service. Heute ist er Mitglied des Beirats des Service Year und setzt sich häufig für die Finanzierung des AmeriCorps ein. Und obwohl er später in viel größeren Jobs tätig war, sagt Jack, dass AmeriCorps immer noch einen wichtigen Platz in seinem Herzen einnimmt.

*****

Alison drehte um. Jack trat zurück. Beide bieten inspirierende Erfolgsgeschichten, obwohl keiner den erwarteten Weg eingeschlagen hat. Sie erzielten Erfolg, weil sie Erfolg für sich neu definierten. Sie bestimmten und verfolgten ihren eigenen Weg der Berufung, Verbundenheit, des Beitrags und der Kontrolle, die zu ihrer persönlichen Übereinstimmung führen konnte. Und dabei wurden sie grenzenlos.

Jetzt sind Sie dran.

Danksagung

Arthur Ashe sagte einmal: »Beginnen Sie, wo Sie sind, verwenden Sie, was Sie haben, tun Sie, was Sie können.« Ich habe getan, was ich kann, weil ich Euch alle hatte, und Ihr habt mich akzeptiert, wo ich war, und mich zu einer besseren Version von mir gemacht.

Tamsen Webster, Sie haben erkannt, dass ich eine große Idee hatte, und mich gebeten, über einen TEDx-Vortrag nachzudenken, der zu einer ungeplanten Sprecherkarriere, einer Einladung in eine Gemeinschaft von Weltklasse-Menschen und einer Bekanntschaft einer Reihe von Menschen führte, die maßgeblich an der Erstellung dieses Buches beteiligt waren.

Scott Stratten, Sie sind ein Prinz unter Männern. Sie haben es gut gemacht und noch mal geheiratet.

Rohit Bhargava, Sie haben meine Idee akzeptiert und erkannt, dass sie größer sein könnte.

Daniel Lemin, Ihre frühe Lektüre hat das Schiff in die richtige Richtung gelenkt.

Carey Lohrenz, Sie haben mir meinen Arsch auf die bestmögliche Weise gerettet und mich nicht mit Mittelmäßigkeit davonkommen lassen; Sie und Alison Levine sind das beste Wolfsrudel, das eine Frau haben kann.

Clay Hebert, die Brillanz, die Sie in fünfundvierzig Minuten angelegt haben, war der größte Wendepunkt des Buches, seiner Zielrichtung, seiner Energie und seiner Stimmung.

Und vor allem, Mitch Joel, Sie sind wirklich der Pate dieses Buches. Ihr Rat, Ihre aufmunternden Gespräche und Ihre gut formulierte Kritik ließen mich tief graben, um es richtig zu machen. (Dieses Buch ist wirklich eine Speak & Spill-Produktion, ein Produkt aus »Miteinander Sprechen und vor Ideen überlaufen«.)

An meine Familienschwester Caren Krumerman und meine Familienschwester Ilona Goldfarb, an Beneva Nyandebo, Richard Tagle, Rayanne Thorn, Michelle Hynes, Karen Wright und Ted »C.«Hammerman, Daniel McConvey, Gretchen Gardner und Amy Dorta McIlwaine – Ihr wiederholtes Lesen, Kommentieren und Bearbeiten ließ meine Ideen ihr Potenzial voll ausschöpfen.

An meine Freunde, die mir (endlos) zugehört haben, als ich meine Ideen bei Dauerläufen, in Arbeitsgruppen und in Stadien ausgearbeitet habe. Sie können jetzt zu ihren Kopfhörern mit Geräuschunterdrückung zurückkehren. An meine Freunde, die bei Abendessen und Getränken die gleiche Behandlung erhalten haben – die nächste Runde liegt bei mir.

An meine Eltern, die vor all den Jahren meine Konsonanzkrise erkannt haben – ich werde nie verstehen, wie sie die Flexibilität gefunden haben, mir den Blindflug zu gestatten, das Jura-Studium einfach abzubrechen und an einer Präsidentschaftskampagne für einen völlig unbekannten Mann aus Arkansas teilzunehmen, aber ich bin sicher froh, dass Ihr es getan habt.

Und meinen Schwiegereltern, den Besten, die ein Mädchen sich wünschen kann, danke, dass ihr mir ein Leben voller Sinn modelliert habt.

Für meine Kinder Benjamin und Tobias, die mich mehr beeinflussen, als sie jemals wissen werden, und die mich mehr inspirieren, als ich jemals für möglich gehalten habe – ich bin so glücklich, eure Mutter zu sein.

Für meinen Mann Jonathan, dessen Brillanz nur von seiner unerschöpflichen Geduld übertroffen wird – du bist mein Zuhause. Danke, dass du den Hund am Leben gehalten hast, während ich geschrieben habe.

Ich grüße diejenigen, die mir ihre Geschichten geliehen haben und selbst mutig die Änderungen vorgenommen haben, die sie vornehmen mussten, um ihr eigenes Leben mit Konsequenz zu führen.

Und Ihnen, dem Leser, der Sie mir Ihr Vertrauen geschenkt haben – ich glaube an Sie und kann es kaum erwarten, zu sehen, was Sie als Nächstes tun.

Ratgeber im Franzius Verlag

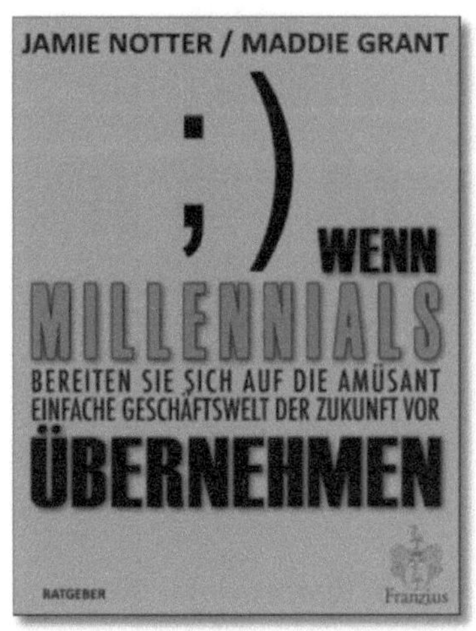

»Wenn Millennials übernehmen – Bereiten Sie sich auf die amüsant einfache Geschäftswelt der Zukunft vor«
Deutsche Erstausgabe des Titels » When Millennials Take Over: Preparing For The Ridiculously Optimistic Future Of Business«
Von Jamie Notter und Maddie Grant
Übersetzung Franzius Verlag GmbH
A5-Format, ca 240 Seiten
ISBN 978-3-96050-208-1 (Hardcover)
ISBN 978-3-96050-206-7 (Softcover)

Ist Ihre Organisation bereit für das, was kommen wird? Zwischen dem Niedergang des aktuellen Managements, der Machtverschiebung zu sozialen Medien und zu Einzelpersonen hin sowie dem Aufstieg der Millennial-Generation in Führungspositionen stehen Unternehmen aller Formen und Größen vor einer Zukunft, für die sie schlecht gerüstet sind. Infolge dieses perfekten Sturms an Veränderungen haben viele Unternehmen Schwierigkeiten, für die Kunden relevant zu bleiben, die Chancen auf dem Markt zu nutzen und Top-Talente anzuziehen.
Erfolgreiche Unternehmen hingegen wechseln zu vier Schlüsselkapazitäten, die die Zukunft des Geschäfts bestimmen: digital, klar, flüssig und schnell. Anhand aktueller Fallstudien und Untersuchungen zu Millennials am Arbeitsplatz lernen Sie, wie Sie diese vier Funktionen in Ihrem Kontext erfolgreich einsetzen können, um echte Geschäftsergebnisse zu erzielen, z. B. durch engagiertere Mitarbeiter, höherwertige Kunden, größere strategische Agilität und stärkere magnetische Kulturen.
Die einzige Konstante ist die Veränderung. Diese vier Kapazitäten sind der Schlüssel, um mit der Komplexität, Unsicherheit und den raschen Veränderungen in unseren Branchen und unserer Welt Schritt halten zu können. „Wenn Millennials übernehmen" ist ein intelligent praktischer Leitfaden, wie Sie diese Kapazitäten für Ihr Unternehmen aufbauen können - ab JETZT.

»Nicht offensichtliche Megatrends – Wie man erkennt, was andere übersehen, und die Zukunft vorhersagt«
Deutsche Erstausgabe des Titels »Non Obvious Megatrends: How to See What Others Miss and Predict the Future«
Von Rohit Bhargava
Übersetzung Franzius Verlag GmbH
A5-Format, ca 300 Seiten
ISBN 978-3-96050-198-5 (Hardcover)
ISBN 978-3-96050-091-9 (Softcover)

In den letzten zehn Jahren hat Rohit Bhargavas jährlicher Non-Obvious Trend Report dazu beigetragen, dass über eine Million Leser mehr als 100 Trends entdeckt haben, die unsere Kultur derzeit prägen. Was wäre, wenn auch Sie die Trends vorhersagen könnten, die Ihr Geschäft verändern können?

Diese Sonderausgabe (zum 10-jährigen Jubiläum) bietet einen beispiellosen Blick hinter die Kulissen der Haystack-Methode des Autors, um Trends zu identifizieren und zu lernen, wie Sie Trends selbst kuratieren und vorhersagen können. Sie müssen kein Futurist oder Innovator sein, um zu lernen, wie man denkt. Der Schlüssel zum Wachstum Ihres Unternehmens oder zur Förderung Ihrer Karriere in den nächsten zehn Jahren liegt im besseren Verständnis der Gegenwart. Die Zukunft gehört nicht offensichtlichen Denkern und dieses Buch ist Ihr Leitfaden, um einer zu werden.

Rohit Bhargava ist ein Innovations- und Marketingexperte und der Gründer der Non-Obvious Company. Er verbrachte 15 Jahre als Marketingstratege für Ogilvy und Leo Burnett, ist der Bestsellerautor des Wall Street Journal für sechs Geschäftsbücher und unterrichtet Marketing und Innovation an der Georgetown University.

»200 Ratgeber oder dieser – Die Essenz aus über 200 Ratgeber-Bestsellern zu den Themen: Glück, Gelassenheit, Gesundheit, Schlaf, Ernährung, Stress, Bewegung, Zeitmanagement, Kommunikation, Beziehungen, Erziehung und Finanzen. Mit Literaturtipps!«
Von Florian Hartnack
A5-Format, ca. 200 Seiten
ISBN 978-3-96050-218-0 (Hardcover)
ISBN 978-3-96050-217-3 (Softcover)

Ihr WEG zu GLÜCK, GESUNDHEIT und ERFOLG beginnt HIERMIT!

Es existieren hunderte Ratgeber mit Tipps für ein gesundes, erfolgreiches und glückliches Leben. Doch welche Tipps sind wirklich neu und relevant? Welche Hinweise sind essenziell? Und muss man wirklich viele Ratgeber lesen? Oder nur diesen einen?
Der Lehrer und Wissenschaftler Dr. Florian Hartnack hat über Jahre hinweg viele erfolgreiche Ratgeber analysiert und die Tipps selbst ausprobiert. In diesem Buch fasst er die **Kernaussagen** aus über 200 Ratgebern zusammen:
- **Gelassenheit und Glück** durch Achtsamkeit und Meditation
- **Gesundheit**: Ernährung, Bewegung, Stressbewältigung und Schlaf
- **Erfolg**: Effektives Zeitmanagement, Kommunikation und Kompetenz
- **Erziehung und Beziehungen**: Elternschaft, Liebe, Partnerschaft
- **Finanzen**: Schritt für Schritt-Anleitung zum finanziellen Erfolg

Dieser Ratgeber enthält geballtes Wissen für alle Lebensbereiche – verständlich geschrieben und sofort umsetzbar. Selbstverständlich befinden sich im Anhang ein umfangreicher Quellennachweis und weitere Literaturtipps zum Vertiefen der Kenntnisse.

Nehmen Sie Ihr Leben mit Leichtigkeit selber in die Hand. Optimieren Sie sich selber! Und sparen dabei Zeit.

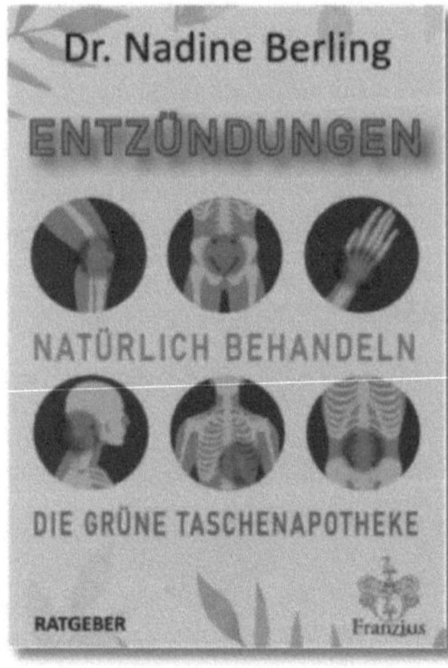

»Entzündungen natürlich behandeln – Die grüne Taschenapotheke«
Von Prof. Dr. Nadine Berling
A5-Format, ca 132 Seiten, 24 s/w-Fotos
ISBN 978-3-96050-203-6 (Hardcover)
ISBN 978-3-96050-210-4 (Softcover)

Entzündungen haben verschiedene Gesichter: Sie zeigen sich je nach Ursache lokal begrenzt oder systemisch, akut oder still. Sie können sich von Außen nach Innen heraus äußern oder umgekehrt. Ihre Ursachen reichen von Verletzungen, über Virusinfektionen bis hin zu Allergien und Autoimmunerkrankungen. Entzündungshemmende Naturheilverfahren und Heilpflanzen können den Körper vor Entzündungen schützen oder sie können innere und äußere Brände abmildern. Der Ratgeber "Entzündungen natürlich behandeln" richtet sich an betroffene Laien und Hobby-Heilpflanzenkundler*Innen, die erfahren möchten, was sie bei verschiedensten Entzündungen selber tun können.

Prof. Dr. Nadine Berling verbindet Ernährungswissenschaften, Medizin und Phytopharmazie. Sie ist Ökotrophologin und promovierte über Heil-pflanzen in theoretischer Medizin. Heute arbeitet sie als Autorin und als Ernährungstherapeutin mit Krankenkassenzulassung. Das Thema Entzündung im ganzheitlichen Kontext fasziniert sie schon seit ihrer ersten Berufsausbildung in einer Apotheke.

Im April 2021 wurde sie zum Professor der Ernährungsberatung und Public Nutrition an der APOLLON Hochschule der Gesundheitswirtschaft in Bremen berufen.

»Magnetic Wealth Attraction – Werde ein Magnet für Wohlstand, Überfluss und Fülle«

Deutsche Erstausgabe des Titels »Magnetic Wealth Attraction«
Von Frederick Dodson
Übersetzung von Petra Liermann
A5-Format, ca. 144 Seiten
ISBN 978-3-96050-180-0 (Taschenbuch)

Die Regeln des Reichtums sind seit tausenden von Jahren dieselben. Lerne universelle Denkweisen, die deinen finanziellen Überfluss steigern, unabhängig davon, wer du bist und wo du dich befindest.
Du wirst mit diesem Buch lernen, mehr Vertrauen in deine Fähigkeit zu setzen, deinen Mitmenschen einen einzigartigen Dienst zu erweisen. Ebenso wird dir ein umfassendes Wissen über einfache Geschäftsmodelle, die immer funktionieren, sowie die Fähigkeit, passives Einkommen zu generieren, vermittelt. Du kannst dir die Fähigkeit aneignen, deine Glaubensmuster rund um das Thema Geld für einen lebenslangen Geldfluss grundlegend zu ändern.

Frederick Dodson, international bekannter Coach, führt dich durch die wichtigsten Prozesse, um dein Leben in einen endlosen Fluss von Reichtümern zum Wohle deiner selbst und der Menschen, die du liebst, zu verwandeln.

»Increase your energy: Mehr Gesundheit, Erfolg und Glück«
Deutsche Erstausgabe des Titels »Increase your energy«
Von Frederick Dodson
Übersetzung von Petra Liermann
A5-Format, ca 292 Seiten
ISBN: 978-3-96050-136-7

Der Schwerpunkt dieses Buches liegt auf der Steigerung der eigenen Energie, des Bewusstseins und der eigenen Gesundheit. Es deckt ein breites Spektrum an Themen ab: von Gewichtsabnahme über das Loslassen von Ängsten und Sucht bis hin zu Glückszuständen und darüber hinaus noch vielen mehr. Hier werden zahlreiche Techniken und Prinzipien offengelegt, die in mehr als dreißig Jahren der Bewusstseinsforschung vom international bekannten Autor und Speaker Frederick Dodson erprobt wurden.

»Enneagramm und Hochsensibilität – Die neun Persönlichkeitstypen und ihr Entwicklungspotential«
Von Dr. Marianne Skarics
ISBN 978-3-96050-170-1 (Softcover)
A5-Format, ca. 340 Seiten
Limitierte Hardcover-Ausgabe, nur über den Verlag direkt zu beziehen (www.franzius-buchshop.de):
ISBN 978-3-96050-215-9

Das Enneagramm ist ein sehr altes System zur Selbstfindung und zum besseren Verständnis unserer Persönlichkeitsmuster. Es unterscheidet neun grundlegende Charaktertypen und zahlreiche Untertypen. Doch das Enneagramm beschreibt die Persönlichkeitstypen nicht nur, sondern es erklärt, warum wir sind wie wir sind. Es deckt also unsere Motive, Ängste, Grundbedürfnisse und Abwehrmechanismen auf und veranschaulicht unsere Entwicklungsmöglichkeiten.

Dem eigenen Enneagrammtyp samt Untertyp auf die Spur zu kommen, bedeutet daher auch, sich selbst und seine Problembereiche besser zu verstehen sowie Wege zur optimalen Entfaltung der Persönlichkeit und des eigenen Potenzials zu erkennen.

Frau Dr. Skarics stellt in diesem Buch das Enneagramm in seiner ganzen Tiefe und Komplexität umfangreich vor, und sie verbindet erstmals dessen neun Persönlichkeitstypen mit der Thematik der Hochsensibilität. Anhand des Enneagramms können die Unterschiede zwischen Hochsensiblen beschrieben und die verschiedenen Ausprägungsarten von Hochsensibilität auf anschauliche Weise erklärt werden. Dadurch ist es möglich, die eigene ganz spezielle Form der Hochsensibilität weitaus tiefgreifender zu verstehen. Zugleich bedeutet dies eine Erweiterung des Enneagrammwissens um die Dimension der Hochsensibilität. Ein Buch, das viele Aha-Momente beschert und Möglichkeiten zur optimalen Persönlichkeitsentfaltung aufzeigt. Mit zahlreichen Tipps und Übungen für alle Enneagrammtypen sowie Zusatzübungen für die hochsensiblen Vertreter aller Typen stellt es eine wertvolle praktische Lebenshilfe und Anregung zu persönlichem Wachstum dar.

»Das Handbuch der ketogenen Ernährung«
Von Fabrizio P. Calderaro
A5-Format, ca. 280 Seiten
ISBN: 978-3-96050-071-1

Die ketogene Ernährung ist populärer denn je – aus einem bestimmten Grund! Verwandelt diese Ernährungsform unseren Organismus doch in eine Fettverbrennungsmaschine und bekämpft dabei gleichzeitig auf eindrucksvolle Weise die größten Volkskrankheiten wie Arteriosklerose, Bluthochdruck, Diabetes mellitus, Adipositas und anderes. Die Tatsache, dass unser Organismus zur Ketogenese fähig ist, hat unseren Vorfahren in der evolutionsgeschichtlichen Entwicklung das Überleben gesichert. Deshalb muss Ketose als ein absolut physiologischer Vorgang verstanden werden. Dieses Buch liefert dem Leser nicht nur ausführliche Hintergrundinformationen, sondern geht auch auf Besonderheiten und wissenschaftliche Aspekte der Ketose ein. Es schafft so ein komplexes Verständnis des Themas und erleichtert den Weg zu einer umfassenden, selbstständigen und erfolgreichen Ernährungsumstellung.

»KETOGA - Ketogenen Ernährung und Yoga«
Von Fabrizio P. Calderaro
A5-Format, ca. 348 Seiten
ISBN: 978-3-96050-120-6

Was passiert im Organismus, wenn man zwei auf ihren Ebenen mächtige Systeme miteinander vereint und ihre Wirkungsweisen aufeinander abstimmt?

Diese Frage stellte sich Fabrizio P. Calderaro, der mit seinem „Handbuch der ketogenen Ernährung" bereits ein Standardwerk für Fachleute und Laien erstellt hat, und schuf ein System auf ganzheitlicher Ebene, das eine der ältesten Philosophien und wohl bekanntesten Übungssysteme der Welt mit einem mächtigen Instrument in der Ernährung vereint. Hieraus entstand KETOGA.

Der Autor vermittelt nicht nur seine weiterführenden Erkenntnisse über die Ketogenese, sondern auch wichtiges Hintergrundwissen über Yoga und wie es im Zusammenspiel mit der ketogenen Ernährung - in Form von KETOGA – sinnvoll eingesetzt werden kann. So führt er den Leser in eine neue „ketogische" Praxis ein, angefangen bei einer sinnvollen, adäquaten Zusammensetzung der Makronährstoffe über das „ketogische Nidra", der „ketogischen Zungenreinigung", den „Asanas", dem „Pranayama" bis hin zum „Karma" oder den „Darshanas" u.v.m.

»Eine glückliche Seele in zwei Körpern – Dualseele 2.0«
Von Petra Liermann
Taschenbuch, ca. 108 Seiten
ISBN 978-3-96050-178-7

Der Weg von „Loslasser" und „Gefühlsklärer" in einer Dualseelenbeziehung ist meist schmerzhaft und dauert Jahre. Wer sich auf diese Reise einlässt, wird immer wieder herausgefordert, denn keines der bisherigen Systeme im Leben scheint hier zu funktionieren. Und so wird schnell klar: Ziel kann nur das eigene Glück sein, damit beide glücklich werden können.

Nachdem in Band 1 „Eine Seele in zwei Körpern – Der Weg der Dualseelen in eine glückliche Beziehung" die Grundlagen des Dualseelenwegs erklärt wurden, macht die Autorin nun in diesem Buch die weitere Entwicklung und die Feinheiten verständlich. Dabei geht es um Themen wie das Trennen von energetischen Verbindungen, das Spiegelgesetz in Dualseelenbeziehungen, Gefühlsübertragungen und den Umgang mit anderen Partnern als der Dualseele.